改訂
事例で考える
民事事実認定

ま え が き

　この資料は、司法研修所から刊行されたものです。

　実務に携わる各位の好個の参考資料と思われるので、当局のお許しを得て頒布することといたしました。

　　令和５年３月

　　　　　　　　一般財団法人　　法　　曹　　会

はしがき

　この「事例で考える民事事実認定」は、民事事件において適正な事実認定は判断の基礎をなすものとして何より重要であり、錯そうする証拠関係を的確に評価して事実を認定する事実認定能力は、法律実務家にとって最も基本的で不可欠な能力であることに鑑み、司法修習生が、司法修習の課程において、法科大学院等で学修した民事事実認定の基礎的知識の理解を確認するとともに、民事事実認定に関する一般的かつ基本的な手法を修得するための思考方法や検討の視点などを提示しようとするものである。

　もとより、実際の事件における民事事実認定は、当該事件の具体的な性質・内容・証拠構造・背景事情等を踏まえた上で、どのような認定・判断が事件の解決に最も適切であるかを考えて行われるべきものであるが、民事事実認定に習熟していない司法修習生にとって、まずは民事実務において一般的に行われている事実認定の基本的な手法を身に付けることが必要かつ有益であると考えた次第である。

　司法修習生諸君が、本書を存分に活用し、自らの頭で考え、研さんを積むことによって、適正な民事事実認定のために必要な知識と手法を修得されることを期待している。

平成２５年９月　　司法研修所民事裁判教官室

改訂に当たって

　当教官室では、本書の発刊以降、本書を用いて民事事実認定の指導を行ってきたが、今般、本書の内容について見直しを行い、本書を改訂することとした。

　今般の改訂において特に重要な点は、民事訴訟における争点及び証拠の整理（以下「争点整理」という。）の重要性に鑑み、争点整理と事実認定との関係を意識したこと、より具体的には、裁判所が、争点整理の手続において、どのような事実を基礎として心証を形成していき、証拠調べを経て最終的な認定判断に至るかといった、実際の民事訴訟における審理の過程を踏まえて、民事事実認定の基本的な手法（取り分け、動かし難い事実の内容及び位置付け）についての整理を試みたことである。

　改訂に当たって、改めて強調したい点は、本書の使い方としては、本書の末尾に収録されている事例について、自ら、実際に事実認定を行って、要証事実が認められるかどうかを検討することが不可欠であるという点である。

　司法修習生が、本書の具体的な事例の検討を通じて、民事事実認定の基本的な手法を身に付け、事実認定能力を向上させることを期待している。

令和４年１０月　　司法研修所民事裁判教官室

目　次

はじめに

　これから、本書の末尾に収録されている**事例**について、実際に事実認定を行って、要証事実が認められるかどうかを考えてみよう。

　その過程で、法科大学院等で学修した知識を確認しながら、民事訴訟において、どのような手法で事実認定を行うべきかを学んでいこう。

　事実認定において要証事実が認められるかどうかが大切なことはもちろんであるが、適正な事実認定をするためには、合理的な思考方法による必要がある。そして、その思考の過程は、当事者を始めとする訴訟関係者等に対して、明瞭かつ説得的に説明できるものでなければならない。

　こうした見地から、本書は、事実認定に関する知識の解説というより、むしろ、具体的な**事例**に関し、裁判官と二人の司法修習生の間で交わされる議論を通じて、事実認定における合理的な思考方法等を体感し、修得してもらうことに主眼を置いている。

　このように、本書は、具体的な**事例**について、実際に事実認定を行っていくものであり、事実認定に関する知識の解説（主に第1、第2）は必要最低限の記載にとどめた。読者の皆さんは、**事例**をしっかり読み込んだ上で、特に**事例**の検討に当たる部分（主に第3）を読み進めてほしい。

　その上で、上記の裁判官と司法修習生との間の議論を、単なる読み物として読み流すのではなく、そこに込められた意味を一つ一つ吟味してほしい。上記の議論を表面的に確認しても得られるものは少ないであろう。そうではなく、読者の皆さんも事例について実際に考察を加え、上記の議論に現れた司法修習生の意見と対比するなどの具体的な検討を行ってほしい。このような作業を通じて、事実認定における合理的な思考方法等を修得してもらいたい。

　それでは、準備が整い次第、検討を始めることにしよう。

第1 事実認定の対象と構造
1 事実認定の対象

(1) 事案の概要

まずは、本件がどのような事案であるかをみていくことにしよう。

　事例の冒頭の【原告中その子の主張】を読むと、本件は、原告が、被告に、平成22年10月26日に2000万円を貸し付けたところ、平成23年4月25日に1000万円は弁済してもらったものの、残りの1000万円はいまだに弁済してもらっていないとして、貸金残金1000万円（及び遅延損害金）の支払を求めた事案であることが分かる。

　これに対し、【被告桃里しおりの主張】によれば、被告は、原告から借りたお金は、2000万円ではなく、1000万円であって、平成23年4月25日にその全額を弁済したと反論している。

　そうすると、双方の主張の対立点は、原告が被告に貸し付けた金額ということになりそうである。

　この点について、本件のように争点が比較的明確な事案では、当事者双方の主張を見比べれば、自ずから主張の対立点をうかがうことができるから、半ば直感的に争点を把握するということも、全く不可能なことではないかもしれない。

　しかしながら、民事訴訟の実務で目にする事件は、決してそのようなものばかりではなく、むしろ、要件事実についての考え方に即して当事者の主張を緻密に分析することによって、初めて争点を的確に把握することができる事件が大半を占めるといってよい。

　そのような事件で、主張分析がおざなりであれば、争点を誤って把握し、紛争の解決に無意味な事実認定をしてしまうという愚を犯しかねない。

　主張分析と事実認定は、いわば「車の両輪」に当たるものであって、特に初学者のうちは、実体法の解釈に根ざした要件事実についての考え方を十分修得し、これに即してきちんと主張分析を行うように心掛けることが大切である。

⑵ 主張分析

それでは、本件の訴訟物を確認し、当事者の主張を整理していこう。

【訴訟物及び請求原因】

J：Aさん、本件の訴訟物について説明してください。

A：【原告中その子の主張】の第2の4項を読むと、原告が、本件貸金契約に基づい
て、本件貸金の残金1000万円を請求していることが分かります。

ですから、本件の訴訟物は、消費貸借契約に基づく貸金返還請求権、1個です。

J：主たる請求については、そのとおりですね。

では、附帯請求についてはどうなりますか、Bさん。

B：同じく4項を読むと、原告が弁済期の翌日を発生の始期とする、平成29年改正
前の民法所定の年5分の割合による遅延損害金を請求していることが分かります
ので、履行遅滞に基づく損害賠償請求権、1個です。

主たる請求の訴訟物とは単純併合の関係になります。

J：そうですね。

二人とも、よく検討しています。

では、Aさん、請求原因はどうなりますか？

A：はい、こうなります。（ホワイトボードに記載する。）

請求原因

（あ）　原告は、被告に対し、平成22年10月26日、2000万円を貸し付けた。

（い）　原告と被告は、（あ）に際し、返還時期を平成23年10月25日と定めた。

（う）　平成23年10月25日は経過した。

J：Bさん、認否はどうなりますか？

B：【被告桃里しおりの主張】の第2の1項によれば、被告は、請求原因（あ）と（い）は
否認しています。請求原因（う）は顕著な事実ですから、認否不要です。

J：そうですね。

　だけど、それをもう少し細かく考えてみましょうか。

　Aさん、金銭消費貸借契約の成立のために必要な法律要件を挙げてください。

A：①金銭の返還の合意をしたことと、②金銭を交付したことです。

J：では、本件の争点は何になりますか？

A：争点って・・・。

　「貸金額が幾らか」じゃないんですか？

Aさんの解答は正しいだろうか？　読者の皆さんも一緒に考えてほしい。

＊　金銭消費貸借契約の成立要件については、「改訂新問題研究要件事実」38 頁参照

＊　附帯請求（履行遅滞に基づく損害賠償請求権）について、原告は、平成23年10月25日の経過によって被告が履行遅滞に陥ったとして、遅延損害金を請求していることから、その利率（法定利率）は年5分となる（平成29年法律第44号附則17条3項、同法律による改正前の民法419条1項、404条）。

⑶　事実認定の対象

民事訴訟における事実認定の対象は何か、考えてみよう。

　民事紛争は、それに実体法を適用して解決されるものであるが、実体法の定める法律効果として生じる権利（訴訟物）の存否は、その法律効果（権利の発生、障害、消滅、阻止）を生じさせる法律要件に該当する具体的事実（主要事実）の存否にかかることになる。

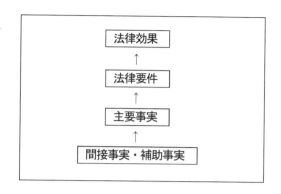

　先の議論で、Ｊ裁判官が二人の修習生に本件の訴訟物を確認させたのは、訴訟物を確定しなければ、その法律要件も明らかとならず、したがって、これに該当する具体的事実（主要事実）を特定することもできないという理由による。

【争点】

　ところで、**民事訴訟における事実認定の対象は何であろうか。**

　法律要件に該当する具体的事実（主要事実）のうち、相手方が自白した事実及び顕著な事実は証明（事実認定）が不要であり（民訴法179条）、それ以外が証明（事実認定）を要する事実である。

　争点という言葉は多義的ではあるが、上記のような争いのある主要事実をもって争点と理解することができ、そうであれば、争点こそが民事訴訟における立証命題であるということができる。

　つまり、**民事訴訟における事実認定の対象は、争点、すなわち争いのある主要事実である**と考えることができる。このように考えるとき、先の議論で、本件の争点は「貸金額が幾らか」だとしたＡさんの解答は適切といえるであろうか。

　争点を争いのある主要事実と捉える以上、争点の把握に際しては、「貸金額が幾らか」というような抽象的な命題を立てるだけでは十分とはいえないだろう。

　また、争いのある主要事実について、いずれの当事者が立証責任を負うかも的確に把握されなければならない。既に述べたように、**主張分析と事実認定は、いわば「車の両輪」**

に当たるのであり、適切な主張分析が事実認定の前提となるのである。

○　民事訴訟における事実認定の対象は、**争点（争いのある主要事実）**である。

○　民事実体法についての理解を基に、①**訴訟物が何であるか**を把握し、②その存否を
　めぐって双方が主張する具体的事実を、主張・立証責任の所在を踏まえて、請求原因、
　抗弁、再抗弁等に適切に分析・整理し、③これらに該当する具体的事実（主要事実）
　についての**相手方の認否を確認**することによって、争点を具体的に把握することがで
　きる。

　　＊　争いのある間接事実・補助事実

　　　　争いのある主要事実を認定するに当たっては、間接事実による推認や補助事実による証拠の
　　　信用性判断が必要になることがあるから、争いのある間接事実や補助事実も、当然、検討の対
　　　象となる。

　　　　本書は、主張分析が事実認定の前提であることを強調する観点から、争点を争いのある主要
　　　事実と定義し、これを立証命題と位置付けるものであるが、争いのある間接事実や補助事実の
　　　検討の必要性を軽視する趣旨ではない。

【本件の争点】

　Ｊ：では、Ａさん、さっきの質問に戻って、本件の争点はどう考えられますか？

　Ａ：本件における争いのある主要事実は、

　　①　原告と被告が平成２２年１０月２６日に２０００万円の返還合意をしたこと
　　　（２０００万円の返還合意）、

　　②　原告が被告に対し２０００万円を交付したこと（２０００万円の交付）

　　です。

　Ｂ：あと、

　　③　原告と被告が貸付けに際し返還時期を平成２３年１０月２５日と定めたこと
　　　（弁済期合意）

　　についても、被告はこれを否認していますから、争点になるのではないでしょうか？

Ｊ：そう考えることになります。

【主要な争点】

Ｊ：ただ、二人が指摘してくれた三つの争点について、これらを全て争点として等価
　値的に考える必要はあるでしょうか？

Ａ：どういうことですか？

Ｊ：当事者の主張をよく見ると、先ほどの三つの争点は、それぞれ別個の理由で争わ
　れているわけではないことが分かります。

　　例えば、本件で、２０００万円の交付はあったが、２０００万円の返還合意はな
　かった（あるいは、２０００万円の交付はなかったが、２０００万円の返還合意はあった）と
　いう事態は想定できますか？

Ａ：それはないんじゃないですか。

　　双方が争っているのは金額であって、１０００万円を超える部分についての返還
　合意と交付は、ワンセットで、あるか、ないかだと思います。

Ｊ：本件では、返還合意の有無に関する間接事実は、交付の有無に関する間接事実に
　もなるということですね。

Ｂ：もう一つの争点である弁済期合意の有無についても、被告は、２０００万円の返
　還合意がないから弁済期合意もないと争っているにすぎないから、これを別個独立
　に取り上げる実益はないんですね。

Ｊ：こうして考えてみると、本件においては、２０００万円の返還合意の事実の有無
　を判断することにより、実質的には、２０００万円の交付の事実の有無と弁済期合
　意の事実の有無についても併せて判断することができると考えられますから、本件
　の主要な争点は、原告と被告が２０００万円の返還合意をした事実の有無と考える
　ことができますね。

2 事実認定の構造

　ここでは、どのように事実が認定されるか、どのような事実や証拠関係に着目して事実認定を行うべきかを「**事実認定の構造**」ということにする。

　　J：本件**事例**において事実認定の対象となる事実については分かりましたね。次に、
　　　　Aさん、民事訴訟における事実認定の構造について、説明できますか?
　　A：事実認定の構造・・・ですか?
　　J：質問が抽象的すぎて分かりにくかったかもしれませんね。民事訴訟における事実
　　　　認定の構造を少しまとめてみましょう。

民事訴訟における事実認定の構造をイメージ図でまとめると、次のようになる。

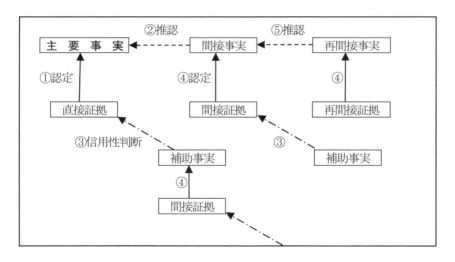

　　*　①は、直接証拠から主要事実を認定する際の構造（証拠→事実）である。これに対して、②
　　　　は、間接事実から主要事実を推認する際の構造（事実→事実）である。そして、直接証拠・間
　　　　接証拠は補助事実によってその信用性が判断され（③）、間接事実や補助事実は間接証拠や再
　　　　間接事実によって認定（④）、推認される（⑤）ことになるが、これらは、①（証拠→事実）又

は②（事実→事実）のいずれかと同様の認定・推認の構造となる。

【直接証拠】

直接証拠とは、要証事実である主要事実を直接に証明できる内容を持つ証拠をいう。証拠の内容が要証事実を直接証明する関係にあり、他の事実を介在させることなく要証事実を認定し得る点で、間接証拠と区別される。

この場合の認定構造は、「直接証拠→主要事実」（上記①）となる。

直接証拠の例としては、例えば、売買契約の締結が要証事実である場合に、（ア）売買契約書、（イ）当事者本人の「売る」、「買う」という合意をしたとの供述や陳述書の記載、（ウ）契約締結の現場に立ち会っていた証人甲の証言や陳述書の記載がこれに当たる。

【間接事実】

間接事実とは、要証事実である主要事実の存在を推認させる、あるいは推認を妨げる事実をいう。

前者、すなわち間接事実によって主要事実の存在を推認させる場合の認定構造は、「間接事実→主要事実」（上記②）となる。

【間接証拠】

間接証拠とは、間接事実又は補助事実を証明することのできる証拠をいう。この場合の認定構造は、「間接証拠→間接事実」、「間接証拠→補助事実」（上記④）である。

間接証拠からは直接要証事実を認定することができず、まず間接事実を認定した上で、経験則を適用し、この間接事実から要証事実である主要事実を推認するという構造となる。

例えば、金銭消費貸借契約の締結が要証事実である場合に、「貸主が貸付当日に貸付金額と同額を自分の預金口座から引き出した」ことを認定できる証拠（預金通帳の写し等）は、上記引き出しの事実は金銭消費貸借契約の締結を推認させる間接事実の一つに当たることから、間接証拠である。

＊　刑事訴訟における直接証拠・間接証拠

刑事訴訟においては、その証拠の信用性が肯定できれば、その証拠から要証事実を推論の過程を経ずに認定することができる証拠を直接証拠といい、間接事実を証明するために用いられる証拠を間接証拠というとされている（刑裁教官室編・刑事事実認定ガイド（令和2年12月）9頁）。

伝聞法則に代表されるように、民事訴訟と刑事訴訟とで証拠能力に関する規律に違いはあるものの、直接証拠と間接証拠の意義については、大きく異なるものではないといってよいであろう。

【補助事実】

直接証拠から主要事実を認定したり、間接証拠から間接事実を認定したりする際には、証拠の証拠力（証明力、証拠価値）を判断する必要がある。**証拠の証拠力を判断する際に使用される事実を補助事実という。**

補助事実には、文書の形式的証拠力や実質的証拠力に関する事実、人証の供述の信用性に関わる事実など、様々な事実が含まれる。

この場合の判断構造は、「補助事実→直接証拠（又は間接証拠）」（上記③）となる。

また、主要事実の認定について間接事実として考慮される事実が、同時に当該主要事実を認定する直接証拠の信用性を判断する上での補助事実として機能することは実務上少なくない（**間接事実の補助事実的機能**）。このように「補助事実→直接証拠」の判断構造（上記③）と、「間接事実→主要事実」の認定構造（上記②）とは、実質的に重なる部分が多いといえる。

なお、補助事実自体も証拠及び弁論の全趣旨によって認定される必要があるが、上記のとおり、補助事実を認定することができる証拠も間接証拠という。

＊　文書の形式的証拠力については15頁以下、実質的証拠力については25頁以下各参照。

＊　間接事実の補助事実的機能

例えば、原被告間における金銭消費貸借契約の締結が要証事実となった事案で、直接証拠として「被告に金を貸した」という原告の供述がある場合に、「原告が貸付当日に貸付金額と同額

を自分の預金口座から引き出した」という事実は、原告の供述の信用性を判断するための補助事実として用いることもできるし、上記の間接証拠の例に挙げたとおり、これを間接事実として金銭消費貸借契約の締結を推認するといった用い方もできる。このように、一つの事実が二つの機能を持つことがある。

【二つの認定構造】

事実認定の構造としては、基本的には次の二つの組合せがあるといえる。

（ア）直接証拠から、直接、要証事実である主要事実を認定する場合（証拠→事実、**直接証拠型**）

（イ）間接証拠から間接事実を認定し、さらに間接事実から主要事実を推認する場合（事実→事実、**間接事実型**）

なお、実務上、この二つの認定構造が併用されることも少なくない。すなわち、直接証拠がある場合に、その証拠力を補助事実によって判断して、当該直接証拠から、直接、要証事実である主要事実を認定するような場合（ア）であっても、併せて、主要事実を推認させる間接事実を認定し、当該間接事実から主要事実を推認することができるかどうかを検討し（イ）、これらを総合的に判断して事実認定することもある（当該間接事実は、直接証拠との関係では補助事実として働くことになる。上記の間接事実の補助事実的機能の説明を参照。）。

【証明の程度】

主要事実について、どのような状態（心証の度合い、証明度。41頁参照）になったときに、当該事実が認定できるといえるかにつき、判例（最判昭50.10.24民集29-9-1417、最判平12.7.18集民198-529）は、因果関係の証明に関し、経験則に照らして全証拠を総合検討し、特定の事実が特定の結果発生を招来した関係を是認し得る高度の蓋然性を証明することであり、その判定は、通常人が疑いを差し挟まない程度に真実性の確信を持ち得るものであることを必要とし、かつそれで足りるとしている。

　　＊　間接事実については、主要事実とは区別して考える見解もあるが、通常は、主要事実と同様

に、心証の程度が証明の域に達しなければ、当該間接事実を主要事実の認定の根拠として用いることはできないとする考え方が前提とされている。

　主要事実について立証責任を負う者は、当該主要事実について高度の蓋然性をもって真実であるとの確信を抱かせる程度の立証を要する（**本証**）。これに対し、当該主要事実について立証責任を負わない者は、その事実の存否について真偽不明の状態に持ち込めば足りることになる（**反証**）。上記の事実認定の構造のイメージ図（8頁）は、主として本証について記載したものである。

第2　証拠と判断の枠組み
1　証拠

　先に検討したとおり、本件の主要な争点は、「原告と被告が、平成２２年１０月２６日、２０００万円の返還合意をした」事実の有無である。

　したがって、この事実が本件における事実認定の対象となるのであるが、**裁判所は、事実認定においては、口頭弁論の全趣旨及び証拠調べの結果をしん酌して、自由な心証により、判断する**こととされている（民訴法247条）。

　　　＊　弁論の全趣旨

　　　　弁論の全趣旨とは、口頭弁論に顕れた一切の訴訟資料から証拠調べの結果を除いたものをいい、当事者の主張の内容や攻撃防御方法の提出時期等がこれに当たる。

　そこで、*以下では、民事訴訟における証拠調べのうち、実務上最もポピュラーな書証と人証について、確認していくことにしよう。*

(1)　書証

【書証】

　書証とは、裁判官が文書を閲読して読み取った記載内容を証拠資料とするための証拠調べをいう（民訴法219条）。

　文書とは、文字その他の記号の組合せによって、人の意思、認識、判断、報告、感想等（これらを併せて「思想」ともいう。）を表現している外観を有する有体物をいう。

　　　＊　実務では、証拠調べの対象となる文書そのものを「書証」と呼ぶことがある（民訴規則55条2項参照）

　　　＊　文書の個数

物理的に一つの書面の形をとっていても、異なる作成者による作成部分が混在している場合、文書は複数となる（司研編・「民事訴訟における事実認定」80頁）。例えば、1通の書面に、Ｘを債権者とし、Ａを主債務者とする金銭消費貸借契約の締結に関する意思表示が記載されている場合には、同書面にはＡの申込みの意思表示と、これに対するＸの承諾の意思表示が表れているので、法的な意味の文書の個数は2個となる。また、同じ書面に、Ｂを連帯保証人とする連帯保証契約の締結に関する意思表示も記載されている場合には、同書面にはＢの申込みの意思表示と、これに対するＸの承諾の意思表示も表れているので、文書の個数は合計4個となる。

【処分証書と報告文書】

文書は、その性質に応じて、**処分証書**と**報告文書**に分類することができる。

処分証書とは、意思表示その他の法律的行為がその文書によってされた場合のその文書をいう。例えば、契約書や手形、解除通知書、遺言書等がこれに当たる。

＊　処分証書については、立証命題たる意思表示その他の法律的行為が記載されている文書とする見解もある。

報告文書とは、処分証書以外の文書であり、作成者の認識、判断、感想等が記載されたものをいう。例えば、領収証、商業帳簿、議事録、日記、手紙、陳述書等がこれに当たる。

＊　処分証書と報告文書の混在

物理的に一つの文書の中に、処分証書の性質を有する部分と報告文書の性質を有する部分が混在している場合がある。例えば、①契約書のうち、契約条項の部分は処分証書であるが、契約書作成の日時、場所、立会人等の記載部分は報告文書である。また、②書簡についても、その一部に贈与の意思表示が記載されていれば、その記載部分は処分証書であり、その他の記載部分は報告文書である。さらに、③消費貸借契約書における返還の合意の記載部分は処分証書であるが、金銭（借入金）の受領に関する記載部分は、金銭を受領した事実についての報告文書である。

【文書の証拠力】

文書の証拠力とは、文書の記載内容が要証事実の証明に役立つか否か、また、役立つ程度を意味する。

文書の証拠力は、**形式的証拠力**と**実質的証拠力**に分けられる。前者は、文書の記載内容が作成者の思想を表現したものであることをいう。形式的証拠力が認められなければ、当該文書を要証事実の認定の基礎とすることはできない。後者は、形式的証拠力が認められることを前提に、その文書の記載内容が裁判官の心証形成の資料となって立証命題である事実の存否についての裁判官の判断に作用して影響を与える力（要証事実の証明に役立つ程度）をいう。

(2) 文書の形式的証拠力

文書に形式的証拠力が認められるためには、

① 挙証者（証拠申出人）の主張する作成者が、その意思に基づき文書を作成したこと（**成立の真正**。民訴法 228 条 1 項）

② 作成者の思想が表現されていること

が必要である。もっとも、実務上、②の要件が問題となることはまれであるから、文書の成立の真正（①）が認められれば、形式的証拠力も肯定されるのが通常である（司研編・「民事訴訟における事実認定」75 頁参照）。

ここに**文書の作成者とは、その文書に記載された思想の主体を意味する**から、物理的に、文字等を直接記入した者とは限らない。

文書に作成名義人（文書上、その文書の作成者と表示されている者）が記載されていれば、その者が作成者とされるのが通常であるが、他人の名義で文書が作成されることがあるし、作成名義人が記載されていない場合もある。また、偽造文書では、作成者は、作成名義人とは異なることになる。

当事者は、書証の申出に当たり、その文書の作成者が誰かを明らかにする必要がある（民訴規則 137 条 1 項）。

書証の申出をした当事者（挙証者）により作成者として特定された者が、手続上、文書の

作成者と扱われ、その上で、同人の意思に基づいてその文書が作成されたか否かが検討されることになる。

【作成名義人以外の者が作成者となる場合】

J：———ということで、作成者と作成名義人の違いは分かりましたね。

　　では、Aさん、「甲」名義の文書があったとして、その作成者は誰ですか？

A：甲本人です。

B：甲本人が自分自身で文書を作成した場合はそうだけど、他にも考えられますよね。

　　例えば、甲から依頼を受けた乙が「甲」名義で作成した場合とか、あと、無権限の丙が「甲」名義で作成した偽造文書の場合もあるので・・・。

J：甲から依頼を受けた乙が作成した場合の作成者は誰ですか？

B：乙の立場によると思います。

　　乙が使者にすぎない場合は、甲が思想の主体だと思いますし、乙が代理人であれば、代理の場合の行為者が代理人であると考えれば、乙が思想の主体だと思います。

J：では、Aさん、無権限の丙が作成した場合は？

A：丙・・・ですか？

J：他には考えられないから、そうですね。

　　そうすると、無権限の丙が作成した「甲」名義の文書について、挙証者がこの作成者を甲として提出すれば、形式的証拠力は認められないのに対し、作成者を丙として提出すれば、実質的には偽造文書ということになるけれど、形式的証拠力が認められることになりますね。

B：同じ文書でも、作成者を誰とするかによって、形式的証拠力が認められたり、認められなかったりするということですね。

＊　署名代理により作成された文書の作成者

　　本人甲の代理人乙が文書を作成する場合には、文書の作成名義として「甲代理人乙」などと記載される場合のほか、実務上、「甲」とだけ記載される場合もある（署名代理）。署名代理の方法で作成された文書については、本人である「甲」を作成者とみる見解と、代理人である「乙」

を作成者とみる見解がある。

　この場合、文書の作成者を代理人である「乙」と考える立場に立つと、代理権授与の要件の有無については、当該文書の成立の真正とは別に検討することになる。一方で、文書の作成者を本人である「甲」と考える立場に立つと、代理権授与の要件については、当該文書の成立の真正を検討する過程において、併せて甲から乙への代理権授与の有無を検討することになる。いずれの立場に立っても、代理権授与の要件の有無を検討する必要があることには変わらないが、検討を要することになる場面に違いが生じることになる。

　なお、実務的には、少なくとも当該文書を受領した相手方としては、乙が使者なのか、代理人なのかがはっきりしないことが多いため、とりあえずは本人甲作成の文書として証拠提出されることが多いといえよう。

【民訴法 228 条 4 項の推定】

　文書の形式的証拠力が認められるためには、文書の成立の真正が認められる必要があるから、相手方が文書の成立の真正を否認した場合には、挙証者はそれを立証しなければならない（民訴法 228 条 1 項）。

　もっとも、民訴法は、文書の成立の真正についての立証の負担を軽減すべく、これに関する推定規定を置いている。一つは、**公文書につき、「その方式及び趣旨により公務員が職務上作成したものと認めるべきとき」の推定**であり（民訴法 228 条 2 項）、もう一つは、**私文書につき、「本人又はその代理人の署名又は押印があるとき」の推定**である（同条 4 項）。

　実務上問題になることが多いのは、後者の推定である。これは、本人又は代理人が文書にその意思に基づいて署名又は押印をしている場合には、その文書全体が同人の意思に基づいて作成されているのが通常であるという**経験則**を基礎としている。

　この趣旨からすれば、本人又は代理人の意思に基づく署名又は押印があることが推定の前提事実となるから、「本人又はその代理人の署名又は押印」というのは、単に文書上に署名又は押印が存在することではなく、**本人又は代理人の「意思に基づく」署名又は押印がされていることを意味する**ことになる。そして、推定の効果は、その文書全体に及ぶことになる。

　民訴法 228 条 4 項の推定の法的性質については、反対説もあるが、実務上は、上記の経

験則を踏まえ、事実認定における裁判官の自由心証に一定の拘束を加えたもの（法定証拠法則）と考えられている。このように、この推定は、経験則を基礎にする事実上の推定にすぎないから、**立証責任を転換するものではない**。相手方において、この推定を覆すには、文書の成立の真正について疑いを抱かせる程度の**反証**をすれば足りることになる。

【二段の推定】

民訴法 228 条 4 項は、文書に本人の意思に基づく署名又は押印があることを前提事実とする推定であるから、文書に印影があっても、それが本人の意思に基づいて押印されたといえない限り、同項の推定は働かない。

しかし、**我が国では、自己の印章は厳重に保管・管理し、理由もなく他人に使用させることはないという経験則がある**と考えられるので、文書に、本人の印章（本人が所有し自己を表すものとして使用している印章）によって顕出された印影があるときは、その印影の顕出は本人自身がしたか、その意思決定の下にされたものと推測してよいと考えられる。

そうすると、**文書上の印影が本人の印章によって顕出されたものであるときは、反証のない限り、その印影は本人の意思に基づいて顕出されたものと事実上推定するのが相当である**（いわゆる一段目の推定。最判昭 39.5.12 民集 18-4-597）。

そして、この推定によって、「本人の意思に基づく押印があるとき」という民訴法 228 条 4 項の適用のための要件を充たすことになるため、文書全体について、同項の推定が働くことになる（いわゆる二段目の推定）。

上記のとおり、印影が本人の印章によって顕出されたことは、一段目の推定を働かせるための前提事実であるから、挙証者が立証する必要がある。

以上のとおり、一段目の推定は、経験則を基礎にする**事実上の推定**であるから、**立証責任を転換するものではない**。相手方において、この推定を争う場合には、自己の印章は厳重に保管・管理し、理由もなく他人に使用させることはないという経験則を適用できない事案であるとの疑いを抱かせる程度の**反証**をすれば足りることになる。

＊　印章が共有・共用されている場合

文書上の印影を顕出した印章が本人の所有である場合には、一段目の推定が働くが、その印

章を本人が専用しておらず、他人と共有・共用しているときには、その推定が覆ることになるという見解と、印章が共有・共用されている場合には、そもそも一段目の推定は働かないという見解がある（最判昭50.6.12集民115-95参照）。

　＊　署名の場合

　　文書上に、本人の筆跡による署名がある場合には、民訴法228条4項の推定のみが働き、一段目の推定は問題にならない。通常の場合、この署名は本人の意思に基づくものと認められるからである。例えば、脅されて危害を加えられるおそれがあったため、やむなく署名したという場合であっても、これは強迫という抗弁の問題となり、「意思に基づく署名」がないとして、請求原因である意思表示の存在自体を否定することにはならないことが多い。

【一段目の推定に対する反証：盗用型】

J：ところで、一段目の推定についても、二段の推定についても、推定が働く場合には、それに対する反証の成否が判断の中心になってきます。一段目の推定に対する反証として、具体的にはどのようなものが考えられますか？

A：二段の推定は勉強したつもりだったけど、どういう事実が反証に用いられるかについて具体的に考えたことはなかったです。

J：頭の中で抽象的に考えるだけでは、実務では使えません。

　　勉強したことを実務で使えるようにするためには、考えるときから具体的な事案を想定しておかないといけませんね。

A：そうですね。

B：本人の印章が押されているけれど、それが本人の意思に基づくものではないことをうかがわせるような事情ということなんだから・・・。

　　例えば、印章が使用された当時、本人が印章を紛失していたとか、盗難に遭っていたという事実は、反証になるんじゃないでしょうか。

　　本人の手元になければ使えるわけはないんだから、推定は覆ると思います。

J：Bさんが挙げた例は、印章の支配が本人の意思に基づかずに他人に移転している類型で、このような類型を**「盗用型」**ということもあります。もっとも、本人とし

ては、印章が自己の意思に基づかないで使用された疑いを生じさせれば反証として
足りるため、必ずしも盗用した者の特定や盗用の事実までを立証する必要はないこ
とには注意が必要ですね。本人からこのような主張がされた場合は、どういう点が
審理のポイントになりますか？

B：本人の意思に基づかずに印章の支配が移転しているというのですから、①印章の
保管状況、②印章への他人（盗用者）の接近可能性などがポイントになるのではな
いでしょうか。

J：そうですね。

【同：冒用型】

A：そういえば、Bさん、この前傍聴した保証債務履行請求事件で、被告が、保証契
約の締結を否認していたものがあったよね。

　　あれは、どんな理由で否認してたんだっけ？

B：確か、被告が、妻に実印や印鑑登録カードの保管を任せていたところ、妻が勝手
に保証契約書に押印してしまったと言ってたと思うけど・・・。

　　つまり、被告の言い分は、その保証契約書に押印させること以外の目的で妻に実
印の保管を任せていたというものと考えられます。

　　よく考えたら、これも反証になりそうだね。

　　もし、被告が、その保証契約書に押印させる目的で実印を妻に預けていたのであ
れば、その押印は、被告の意思に基づくことになるけど、目的外使用の可能性が一
定程度あるということになれば、推定は覆ることになるといえそうです。

J：今の例は、印章の支配が本人の意思に基づいて他人に移転している類型で、この
ような類型を「冒用型」とか「預託型」ということがあります。

　　では、本人からこのような主張がされた場合は、どういう点が審理のポイントに
なりますか？

B：印章を他人に預ける場合、目的を限定しないで預けることは通常はありませんか
ら、印章を他人に預けていたという主張がされた場合には、①預託の事実の有無、
②預託の趣旨（目的）などがポイントになると思います。

A：なるほど。

＊ 一段目の推定が覆るその他の事情

一段目の推定が覆る事情としては、上記の盗用型、冒用型といった場合のほか、文書が作成された当時の状況に照らし、**本人自身が押印することや押印の意思決定をすることが困難又は不自然といえる事情がある場合**も挙げられる（最判平5.7.20（「最高裁民事破棄判決の実情(2) －平成5年度－」判時1508-18）参照）。

＊ 本人の実印が冒用されて遺産分割協議書が作成されたとして、当該協議書の本人の作成部分の成立の真正が争われた事案において、最高裁判所が、一段目の推定を覆すに足りる事情の有無について具体的事案に即して判断したものとして、最判平23.11.24（「最高裁民事破棄判決等の実情（上）」－平成23年度－」判時2161-21）がある。

【民訴法228条4項の推定（二段目の推定）に対する反証】

J：それでは、次に、二段目の推定に対する反証を考えてみましょう。

　Aさん、二段目の推定を支えている経験則はどういうものでしょうか？

A：意思に基づく署名・押印があれば、通常、その文書全体が意思に基づいて作成されているという経験則です。

J：そのとおりですが、なぜそういえるのか、もっと具体的に考えてみましょう。

　署名・押印の作業を含む文書の作成過程を時系列的に思い浮かべてください。

B：こういうことでしょうか。

　文書の作成過程を考えると、文書の内容（本文）が確定した後、当事者は、それを認識した上で、署名・押印するのが通常だということ、つまり、文書の内容確定と署名・押印の時間的先後関係にあるのではないでしょうか。

J：そうすると、二段目の推定に対する反証としては、どのようなものが考えられますか？

A：文書の内容確定と署名・押印の時間的先後関係が逆の場合には、経験則は働かないことになるのだから・・・。

Ｂ：①本人等が白紙に署名・押印したところ、他人がこれを悪用して文書を完成させた場合とか、②文書作成後に変造・改ざんされた場合などには経験則が働かないから、こういう事情は反証になると思います。

Ｊ：そうなりますね。

　　このように、一段目の推定に対する反証と二段目の推定に対する反証では、経験則の内容や例外が認められる程度が異なるので、推定を覆す反証となる事実の内容や、どの程度の疑いを抱かせることができれば反証成功といえるのかについても差が出てきます。

　　ところで、本件は文書の成立の真正についての推定が問題となる事例ですよね？

Ｂ：本件借用書には作成者である被告の署名があるので、二段目の推定が働く事案だと思います。

Ａ：それじゃあ、二段目の推定に対する反証が問題になるんでしょうか？

Ｊ：それについては、後でじっくり検討しましょう。

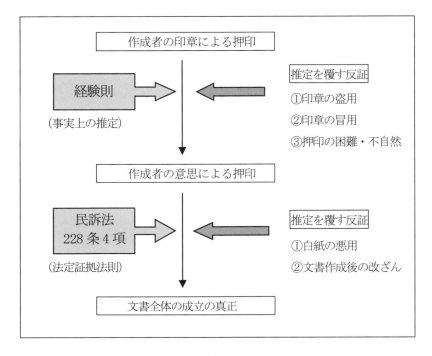

「文書の成立と書証目録」

　書証として提出された文書の成立を相手方当事者が争った場合には、書証目録の「成立」欄に「否」と記載され、「成立の争いについての主張」欄に否認の理由が記載されることになります。民訴規則145条は、**「文書の成立を否認するときは、その理由を明らかにしなければならない。」**と規定しています。

番号	提出		陳述			備考
	期　日	標　目　等	期　日	成立	成立の争いについての主張	
1	第　1　回 ☑弁　論 □準備的弁論 □弁論準備	全部事項証明書	第　　回 □弁　論 □準備的弁論 □弁論準備			
2	第　1　回 ☑弁　論 □準備的弁論 □弁論準備	領収書	第　1　回 ☑弁　論 □準備的弁論 □弁論準備	否	署名押印　認 本文書は、被告の署名押印を利用して誰かが偽造した。	
3	第　1　回 □弁　論 □準備的弁論 ☑弁論準備	委任状	第　1　回 □弁　論 □準備的弁論 ☑弁論準備	否	名下の印影が被告の印章によること　認 本文書は、Aが被告の印章を勝手に用いて偽造した。	

　上記の甲1号証のように、書証目録の「成立」欄及び「成立の争いについての主張」欄に何も記載されていなければ、その成立に争いはないことになります。

　甲2号証のように、「成立」欄に「否」、「成立の争いについての主張」欄に「署名押印認　本文書は、被告の署名押印を利用して誰かが偽造した。」とあれば、被告はその文書の成立を争っているが、被告の意思に基づく署名・押印であることには争いがないので、民訴法228条4項の推定が働き、その反証の成否が問題となることが明らかになります。

　甲3号証のように、「成立」欄に「否」、「成立の争いについての主張」欄に「名下の

印影が被告の印章によること　認　本文書は、Aが被告の印章を勝手に用いて偽造した。」とあれば、被告はその文書の成立を争っているが、被告の印章による押印であることに争いがないので、二段の推定が働き、一段目の推定の反証の成否が問題となることが明らかになります。

　このように、書証目録を確認することによって、文書の成立の争いの有無だけでなく、その事案における判断の中心をも知ることができるのです。

(3) 文書の実質的証拠力

形式的証拠力が肯定された文書については、実質的証拠力（記載内容の信用性）の有無・程度の検討に進むことになる。

【類型的に信用性の高い文書】

実務においては、要証事実を証明するために多数の文書が証拠として提出される。その中でも、例えば、契約書や手形、領収証などは、通常、それに記載された事実が存在しなければ作成されない文書であり、その記載及び体裁から、類型的にみて信用性が高い文書と位置付けることができる。要証事実を証明するものとしてこのような文書（以下、本書では「類型的信用文書」という。）がある場合には、争点及び証拠の整理において必ずこれに着目した上、その証拠力を適切に判断することが、事実認定を誤らないために重要である。

文書は、処分証書と報告文書とに分類される（14 頁）から、以下、それぞれ分けて検討する。

＊　判例は、真正に成立したと認められる契約書等がある場合には、「特段の事情」のない限り、その記載どおりの事実を認定すべきものとしており、「特段の事情」のない限りその記載どおりの事実を認定すべき文書の存在を前提としている（最判昭 32. 10. 31 民集 11-10-1779、最判昭 45. 11. 26 集民 101-565 等）。例えば、上記昭和 45 年最高裁判決は、売買契約の成立が争われた事案であるところ、いずれも成立の真正に争いのない当該売買契約に関する売買契約公正証書や領収証が存在するにも関わらず、原判決が、これらは形式だけのことにすぎないとして、売買契約の成立を否定する判断をしたのに対し、これらの**書証の記載及び体裁からすれば、別異に解すべき特段の事情が認められない限り、売買契約ないし売買の予約が成立したものと認めるのが自然である**と判示して、原判決の判断は経験則に反する違法があるとの理由で破棄差戻しの判決をした。

このような判例があることからすれば、類型的信用文書がある場合にはこれに着目して審理を進め、事実認定を行うことが重要であるといえよう。

【類型的信用文書と処分証書】

　処分証書とは、**意思表示その他の法律的行為がその文書によってされた場合のその文書**をいう（14 頁）。文書そのものの中に作成者のした意思表示等の法律的行為が包含されており、この意思表示等は文書を離れて存在しない。すなわち、処分証書とは、意思表示等の具現物又は化身であって、この文書を裁判所が検分すれば、証明の目的は達せられることになる。したがって、その記載及び体裁から処分証書の外観を有する文書が**処分証書であることが確定した場合には、当該文書から、作成者がその文書に記載されている意思表示その他の法律的行為を行ったと認定する**ことになる。

　もっとも、その記載及び体裁から処分証書の外観を有する文書であっても、偽造文書の場合のほか、実際には当該文書によっては意思表示等がされていないという例外的な場合もあり得るから、作成者がそこに記載された意思表示等をその文書によって行ったかどうか、つまりその文書が処分証書であるかどうかは、その記載及び体裁から即断できないことに注意が必要である。とはいえ、そのような文書は、紛争発生前、意思表示等がされた当時に、作成者が自分を拘束することになる意思表示等をしたという記載のある外観を有するものであることから、**審理の初期の段階から、類型的信用文書と取り扱って審理を進める**ことになる。

　そして、**その記載及び体裁から処分証書の外観を有する文書について、形式的証拠力が認められれば、通常、特段の事情**（ここでは、上記のとおり当該文書によって意思表示等がされたとは認められないような事情が考えられる。）**が問題となるべき場合は限られる。特段の事情が問題とならなければ、処分証書であることが確定し、作成者がその文書に記載されている意思表示その他の法律的行為を行ったと認定する**ことになる。

　　＊　上記の特段の事情について、次のような場合が考えられる。契約書を例に考えると、例えば、
　　　　原告が契約書を証拠として提出し、当該契約書によって契約が締結されたと主張したのに対
　　　　し、被告が契約締結の事実を否認し、かつ、当該契約書は契約書記載の日付（原告が主張する
　　　　契約の締結日）とは別の日に、原告との間で全く虚偽の書面として作成したにすぎないと主張
　　　　した場合には、被告のこの主張は、当該契約書によって（原告が主張する）法律行為をしたこ
　　　　とを否定するものであるから、当該契約書は処分証書に当たらないことをいうものであると考

えられる。このような主張は上記の特段の事情があることを主張するものと考えられよう（ただし、この例の場合、仮に被告の主張に沿って当該契約書は処分証書に当たらないとされた場合であっても、後述の報告文書としての実質的証拠力を検討する余地は残り得るであろう。）。

　一方、原告が上記のような主張をしたのに対し、被告が、上記契約書について、契約を仮装して第三者に当該契約が実在するものと誤信させるために原告・被告間で作成したというような主張をした場合には、被告のこの主張は、上記契約書によって法律行為がされたことを否定するものではなく、契約締結に向けた効果意思がなかった旨を主張しているものと考えられる。したがって、被告としては、原告との間の契約の成立は認める（上記の特段の事情を争うものではない）が、契約に無効原因があるとして、虚偽表示等の抗弁を主張しているものと整理することができると考えられる。

＊　処分証書を立証命題たる意思表示その他の法律的行為が記載されている文書とする見解（14頁参照）からは、処分証書の外観を有する文書は、処分証書として扱われる。そして、当該文書の記載内容どおりの意思表示等があったとは認められない「特段の事情」の有無を検討するという形で、その実質的証拠力の検討を行うことになると考えられる。

【類型的信用文書と報告文書】

　報告文書とは、処分証書以外の文書であり、作成者の認識、判断、感想等が記載された文書であり、これには性質や作成状況等が異なる様々な文書が含まれる。このため、**報告文書については、形式的証拠力が認められたとしても、その記載内容をそのまま信用してよいことにはならない。**当該文書の作成者、作成目的、作成時期、作成経緯、記載事実の性質、記載の体裁等の諸事情を踏まえ、記載内容が真実であるかどうかを個別的・具体的に検討することが不可欠である。

　もっとも、**報告文書の中でも、以下の各文書は、通常は信用性を有する**と考えられる。

①　公文書

②　私文書であっても、次のような文書は、その文書内容、作成者の属性、作成状況等に照らし、通常は信用性を有すると考えられる。

　a　紛争が顕在化する前に作成された文書〜取引中にやり取りされた見積書等

b　紛争当事者と利害関係のない者が作成した文書～第三者間の手紙等

　　c　事実があった時点に近い時期に作成された文書～作業日報等

　　d　記載行為が習慣化されている文書～商業帳簿、カルテ等

　　e　自己に不利益な内容を記載した文書～領収証等

　この中でも、領収証は、前掲昭和45年最高裁判決も挙げているとおり、類型的信用文書に当たる報告文書の代表例といえる。領収証を始め、このように通常は信用性を有する文書について、形式的証拠力が認められた場合には、その記載内容の信用性に疑義を生じさせるような特段の事情がないかどうかを検討することを通じて、その実質的証拠力を適切に判断することになる。

　一方、紛争が顕在化した後に作成された文書の典型例として、**陳述書**が挙げられる。訴え提起後に当事者本人や第三者の供述を記載した陳述書は、訴訟を念頭に置いて作成されている以上、作成者に有利な供述記載がされている可能性があり、また、提出された時点では反対尋問にもさらされていないから、その信用性は慎重に検討しなければならない。

　　＊　陳述書は、その信用性を慎重に検討しなければならないものの、当事者本人や証人予定者の
　　　供述内容を事前に相手方に明らかにするという証拠開示機能、また、前提事実や周辺事実に関
　　　して、主尋問に代用しこれを補完するという主尋問代用・補完機能を有しており、実務上、集
　　　中証拠調べを実現するための重要な役割を担っている。

　　＊　以下、本書では、「供述」には陳述書における供述記載も含むものとする。

(4)　人証

　ここまで、文書の証拠力、すなわち形式的証拠力と実質的証拠力について検討してきた。ところで、民事訴訟における証拠調べの中心となるものは、書証と人証である。

　それでは、事実認定において、書証と人証のどちらを重視すべきであろうか？

【書証と人証の特徴】

　書証と人証（ここでは、いずれも証拠調べの結果得られた証拠資料としての文書内容の記載、証言又は供述の意味で用いている。）を対比すると、「書証は固定的であるが、人証は固定されていない。」とか、「書証は『点』であるが、人証は『線』である。」などといわれることがある。

　書証は、その成立の真正が認められた場合には、内容が固定されているため、記載当時の作成者の思想等を表したものとして高い証明力を有することが多いといえる。しかし、記載された情報が断片的・部分的（「点」）であることも少なくないため、得られる情報が限定されることがある。

　これに対し、人証は、内容が固定されておらず、事後に記憶の変容が生じたり、故意に虚偽の供述をしたりするなどの作為が容易であるといえる。しかし、他方で、情報が事件の全体像（「線」）に及ぶため、その供述が信用できるのであれば、事案を把握することが容易であるといえる。

　このように、書証と人証はいずれも一長一短あり、いずれの信用性（証明力）が高いかを一概に断定することはできない。もっとも、人証については、内容が固定されておらず、作為も容易であるといった上記の面から、その信用性の検討には常に慎重でなければならないといえる。

　このような書証と人証の持つそれぞれの特徴をよく理解して、事実認定に用いることが大切である。

【書証】	【人証】
固定的	変容可能性
断片的	全体像

【人証の信用性判断の手法】

　一般に、人証の信用性を判断するために考慮すべき要素として、次のようなことが指摘されている。

　　・供述者と事件当事者との間の**利害関係の有無、程度**

- ・供述者の態度
- ・供述の性質（伝聞であるかどうかなど）
- ・供述過程（認識、記憶、表現、叙述）の正確性
- ・供述内容の合理性、一貫性、具体性（迫真性）

　これらの点は、基本的に、刑事裁判における人証の信用性の判断と共通しているといえる。もっとも、民事裁判では事件当事者と全く利害関係のない第三者が人証となることは少なく、そのほかの人証の属性、供述態度、供述内容等に着目した信用性の考慮要素もいずれも確たるものとはいい難い。

　供述の信用性判断を的確に行うには、より客観性の高い手法を用いる必要があり、それが**「動かし難い事実」との整合性**を検討する手法である。すなわち、当事者間に争いのない事実や書証から確実に認定できる事実を基礎に据えて、供述がそのような事実と整合するかどうかを検討することが、供述の信用性を的確に判断するための確実な方法であるといえる。

　なお、人証の信用性判断は、包括的に、人証単位で行うのではなく、分析的に、供述単位で行うのが相当である。なぜなら、人証は、初めから終わりまで全部嘘ということや、逆に、正直な人でも初めから終わりまで全部本当、全部正確ということもなかなかないからであり、「この証人の供述は全て信用できない。」というように人証単位で一刀両断に判断することは避けるべきである。

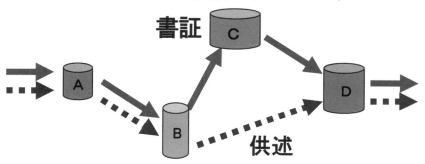

書証と人証の関係（イメージ）

※　円柱（A、B、C、D）は書証（動かし難い事実）を、矢印（　→　、‥‥▶）は
供述（ストーリー）をそれぞれ意味する。
　　重要な書証のいずれをも説明できる「　→」の供述は採用できるが、
　　重要な書証「C」を説明できないBD間の「‥‥▶」の供述は採用できない。

(5) 経験則

経験則とは、社会生活における経験から帰納された事物に関する知識や法則をいう。

「このような場合には、必ず、このようなことが生じる。」といった物理法則ないし自然法則、あるいは、「人は、このような場合には、通常、このような行動をとらない。」といった人の思考や行動のパターン等であり、それには、一般常識に属するものから、職業上の技術や専門科学上の法則までが含まれる。

経験則は、その法則性の強さに応じて、必然性のある経験則（「このような場合には、必ず、このようなことが生じる。」）、蓋然性のある経験則（「このような場合には、通常、このようなことが生じる。」）、可能性のある経験則（「このような場合には、このようなことが生じることがある。」）に分類することができる。

経験則は、必然性のある経験則を除き、例外を伴うから、経験則を固定的なルールのように捉えるべきではなく、具体的な事情に応じて修正があり得ることを十分に踏まえた上で、経験則の内容や強弱を考慮しつつ、慎重にその適用の可否を検討する必要がある。

> * 経験則の証明等
>
> 経験則は、事物の判断をする際に前提として働く一般的法則であって、具体的な事実そのものとは区別されるが、他方で、事実認定の中で働くものとして、法規とも区別される（ただし、経験則違反は、一定の場合、「判決に影響を及ぼすことが明らかな法令の違反」（民訴法312条3項）として高等裁判所に対する上告理由となり、あるいは、「法令の解釈に関する重要な事項」（同法318条1項）として最高裁判所に対する上告受理申立理由になり得る。例えば、最判平成16.2.26集民213-581）。
>
> 経験則が事実とも法規とも異なる性質を有していることから、その証明についてどのように考えるか見解の対立がある。
>
> しかし、いずれの立場からも、結論としては、一般的経験則は証明の必要はないが（最判昭36.4.28民集15-4-1115）、専門的経験則は証明が必要であると解されている。
>
> また、経験則は、裁判所の判断作用に用いられるものであるから、これについての自白には拘束力はないと解されている。

2 判断の枠組み

(1) 判断の枠組みを考える理由

　事実認定をするといっても、ただ思いつくままに証拠や事実を拾い上げて羅列するのでは、到底、論理的に整理された説得力のある論述はできない。

　思考の整理や説得力のある論述を実現するためには、要証事実についての証拠構造を理解し、証拠構造に適した判断の枠組みで事実認定を行うのが合理的である。

　ここでは、どのような判断の枠組みによって事実認定を行ったらよいかについて、考えていくことにしよう。

【直接証拠と間接証拠】

　　J：ある事案において事実認定を行う場合、要証事実についての証拠構造に照らし、どのような枠組みで判断していったらよいのか、それを判断の枠組みといいます。

　　　　だから、判断の枠組みを考えるには、その要証事実の証拠構造を見なければなりません。

　　　　Ａさん、要証事実との関係で、証拠を二つに分類すると、どのように分類できますか？

　　A：直接証拠と間接証拠に分類できます。

　　J：では、Ｂさん、直接証拠と間接証拠では、どちらを中心に据えて検討するのが合理的ですか？

　　B：直接証拠を中心に据えるのが合理的だと思います。

　　J：それはどうしてですか？

　　B：直接証拠は、その信用性が認められる場合には、直ちに要証事実を認定できますが、間接証拠は、その信用性が認められる場合に、そこから直接認定できる間接事実を認定した上、その間接事実から要証事実を推認するというプロセスを経ることになります。

間接事実からの推認の過程には不確かさが入り込む余地があり、直接証拠からの認定の方がより誤りの少ない事実認定が可能になるからだと思います。

＊　事実認定の構造として、直接証拠により要証事実を認定する場合（直接証拠型）と間接事実により要証事実を推認する場合（間接事実型）があることについては、11 頁参照。

【書証と人証】

Ｊ：民事訴訟において証拠調べの中心となるのは書証と人証だけど、書証と人証では、どちらを中心に据えて検討するのが合理的ですか？

Ａ：人証の方が、情報が多くて、事案を把握しやすいということじゃなかったかと思うんですが。

Ｂ：でも、判断の枠組みを考える上で中心に据えるのは、書証ではないでしょうか。

Ａ：それは、どうして？

Ｂ：書証は内容が固定されているのに対し、人証は内容が固定されていないので、書証を中心に据える方がより誤りの少ない事実認定が可能になるからだと思います。

Ｊ：そのとおり。

　　書証と人証の信用性について、個別的・具体的に見ると、いずれの信用性が高いと一概にはいえません。

　　ただ、判断の枠組みを考える上では、書証、特に直接証拠である類型的信用文書がある場合には、これを出発点とする方が、土台がしっかりした確実な事実認定ができます。

＊　書証と人証の特徴については、29 頁参照。

Ａ：なるほど。

　　それでは、私が、判断の枠組みの類型について、整理してみます。

　　直接証拠である類型的信用文書がある場合には、それを中心に据え、直接証拠である類型的信用文書はないが、直接証拠である供述がある場合には、それを中心に

据え、直接証拠がない場合には、間接事実からの推認によるという三つの類型に分けて判断していくのがよいということです。

B：ただ、書証については、成立に争いがあるか否かによって判断構造が異なるのではないでしょうか？

J：Aさんもよくまとめてくれたけれど、Bさんもいいところに気付きましたね。

　直接証拠である類型的信用文書がある場合でも、その成立に争いがある場合とない場合とで分ける方がより適切な枠組みになりますね。

　では、Aさん、これまでの議論をホワイトボードに整理してみてください。

A：はい。（ホワイトボードに記載する。）

判断の枠組み

【直接証拠型】

① 直接証拠である類型的信用文書があり、その成立に争いがない場合

② 直接証拠である類型的信用文書があり、その成立に争いがある場合

③ 直接証拠である類型的信用文書はないが、直接証拠である供述証拠がある場合

【間接事実型】

④ 直接証拠である類型的信用文書も直接証拠である供述証拠もない場合

---

(2) 判断の枠組みごとの判断構造

　事実認定における判断の枠組みを考える理由と判断の枠組みの各類型については理解できただろうか。

　ここでは、判断の枠組みごとに、どのような判断構造になるのかを確認し、整理しておこう。

① 直接証拠である類型的信用文書があり、その成立に争いがない場合

この場合は、別異に解すべき特段の事情のない限り、その書証の記載内容どおりの事実を認定することになる。

　したがって、この類型では、その書証の記載内容どおりの事実を認定すべきでないといえるような「特段の事情」があるか否かが判断の中心となる。

　なお、処分証書の外観を有する文書が提出され、その成立に争いがない場合、「特段の事情」（当該文書によって意思表示等がされたとは認められないような事情）が問題となるべき例は限られ、直ちに処分証書であることが確定するとともに、その文書に記載されている意思表示等がされたことを認定できるのが通例であり、その場合には、意思表示等の効力の発生を障害するような事情があるか否か（例えば、虚偽表示であるか否か等）が抗弁の判断の中で検討されることになる。

　　＊　否認か抗弁か
　　　　処分証書の外観を有する文書（契約書等）が提出された場合、相手方当事者が、その成立を争わないが、当該文書は虚偽のものであると主張することがある。このような主張を、当該文書の処分証書性を争って（本文に記載した「特段の事情」を主張して）意思表示等を否認するものと整理すべきか、虚偽表示等の抗弁を主張するものと整理すべきかについて、事案に応じて適切に見極める必要がある（26頁以下参照）。
　　　　なお、処分証書を立証命題たる意思表示その他の法律的行為が記載されている文書とする見解の下でも、上記主張を、当該文書の記載内容どおり意思表示等がされたとは認められない「特段の事情」（27頁参照）を主張して意思表示等を否認するものと整理すべきか、虚偽表示等の抗弁を主張するものと整理すべきかを適切に見極める必要があることは同様である。

② 直接証拠である類型的信用文書があり、その成立に争いがある場合

　この場合には、挙証者が書証の成立の真正について立証すべきことになる（民訴法228条1項）。

　しかし、私文書に本人の意思に基づく署名又は押印があるときは、文書全体の成立が推定される（民訴法228条4項）。

したがって、このように民訴法228条4項の推定が働くときは、反証が成功するか（本証が動揺するか）が判断の中心となる。

　また、文書中の押印が、本人の意思に基づくものであるか否かについて争いがある場合であっても、その印影が本人の印章によるものであるときは、本人の意思に基づく押印が推定され（一段目の推定、経験則）、その結果、文書全体の成立の真正が推定されることになる（二段目の推定、民訴法228条4項）。

　したがって、このように一段目の推定が働くときは、反証が成功するか（本証が動揺するか）が判断の中心となる。

　　　＊　二段の推定については、18頁以下参照。

③　**直接証拠である類型的信用文書はないが、直接証拠である供述証拠がある場合**

　この場合には、直接証拠である供述証拠の信用性（実質的証拠力）が判断の中心となる。
　その供述証拠に信用性が認められれば、これから直接に要証事実の存在を認定することになる。

　　　＊　供述証拠の信用性を判断するための確実な方法が、「動かし難い事実」との整合性を検討
　　　　することであることについては、29頁以下参照。

　　　＊　上記③の場合であっても、実務上は、当事者本人の供述という供述証拠は直ちに信用す
　　　　ることができず、間接事実を積み上げて要証事実の存在を推認する方が確実で説得力のあ
　　　　る判断を示すことができるなどとして、下記④の判断構造を採ることがある。また、ここ
　　　　において間接事実として機能する事実は、上記③の判断構造において供述証拠の信用性を
　　　　判断するための補助事実としても機能することから、上記③と下記④の判断構造での検討
　　　　は、実質的に重なる部分が多く、これらの判断構造が併用されることもある（11頁参照）。

④　**直接証拠である類型的信用文書も直接証拠である供述証拠もない場合**

　この場合には、もっぱら間接事実を積み上げることによって、要証事実の存在を推認

することができるかどうかが判断の中心となる。

(3) 本件の判断の枠組み

　これまで学んできたことを前提に、本件における判断の枠組みがどのようなものになり、判断の中心がどこになるのかについて、考えてみよう。

【直接証拠である類型的信用文書】

　J：――ということで、判断の枠組みについては、よく分かりましたね。

　　　では、Ａさん、本件において、主要な争点に関する証拠として、どのようなものが提出されているか、少し丁寧に説明してください。

　A：本件における主要な争点は、「原告と被告が、平成２２年１０月２６日、２０００万円の返還合意をしたこと」です。

　　　そして、これに関する証拠として、原告は、本件借用書（甲１）を提出しています。

　　　本件借用書には、「平成２２年１０月２６日　￥二千万円也　借用いたします」との記載がされた上、被告の住所が記載され、被告の署名がされていますし、これに続けて「上記のとおり貸しました」との記載がされた上、原告の住所が記載され、原告の署名がされています。

　　　これらは、金銭の返還合意についての被告の申込みとこれに対する原告の承諾の意思表示を示すものですから、本件借用書は直接証拠だと思います。

　J：そうですね。

　　　ところで、Ｂさん、今指摘してくれた本件借用書の記載は、返還合意以外にも、ある事柄についての、原告と被告の一致した認識を示していると思われるけれど、どうでしょう？

　B：「借用いたします」とか「貸しました」という表現の中には、金銭の交付があったことについての、両当事者の一致した認識も示されているので、金銭交付の直接証拠でもあると思います。

　J：では、Ａさん、それを前提に本件借用書の文書としての性質を考えると、どうな

りますか？

A：本件借用書のうち、**返還合意に関する部分は処分証書**で、**金銭交付に関する部分は報告文書**ということになるんですか？

　　何か変だな・・・。

J：いやいや。

　　文書の性質というのは、法律的な問題だから、物理的に一つの文書が法的には複数の文書であったりするのと同じで、別に変ではありません。

　　Aさんの説明で正解です。

　　いずれにせよ、本件借用書は、通常は貸付けがなければ作成されない文書であり、その記載や体裁から、類型的にみて信用性が高い文書と位置付けてよいと考えられますから、直接証拠である類型的信用文書であることは明らかですね。

　　＊　物理的に一つの文書の中に処分証書と報告文書が混在している場合があることについては、14頁参照。

【本件の判断の枠組み及び判断の中心】

J：Bさん、他に、主要な争点に関する証拠はありますか？

B：原告の陳述書（甲4）の2項には、原告が、平成22年10月26日、被告に対し、平成23年10月25日に返してもらう約束で2000万円を貸し付けたとの供述記載がありますし、原告の尋問結果をみると、その3項で、同じ趣旨の供述をしています。

　　これらは、要証事実である主要事実を直接に証明できる内容を持つ証拠ですから、いずれも直接証拠という位置付けになると思います。

J：もちろん、これらの証拠の他にも、**事例**の中には、争いのある主要事実の存在を推認させる間接事実を証明する種々の間接証拠もありますね。

　　では、これまでの検討からすると、本件の判断の枠組みは、どのようなものになるでしょうか？

B：本件では、本件借用書、陳述書の供述記載及び当事者尋問の結果という直接証拠

が存在するので、この直接証拠を中心に、争いのある主要事実の存否を検討することになりますが、本件では、本件借用書という直接証拠である類型的信用文書があるので、本件借用書の検討が特に重要だと思います。

　本件借用書についての被告の主張をみると、被告は、本件借用書の被告作成部分－ただし、最終行を除きますが－の成立を否認しています。

　ですから、**本件は、「直接証拠である類型的信用文書があり、その成立に争いがある場合」に該当する**と思われます。

J：では、Ａさん、その判断の枠組みを前提にすると、本件における判断の中心はどういう点になるでしょうか？

Ａ：被告は、被告が署名したこと、つまり、被告の意思に基づく署名があることは認めていますので、**本件借用書の被告作成部分については、民訴法228条4項により、その全体が真正に成立したものと推定される**ことになります。

　ですから、被告としては、**民訴法228条4項の推定（二段目の推定）に対する反証**を行い、推定を動揺させて真偽不明に持ち込む必要があることになり、この**反証の成否が、本件における判断の中心になる**と思います。

J：本件のように直接証拠が存在する場合、実際に事実認定を行う際には、間接証拠から認定できる補助事実を用いて直接証拠の証拠力を吟味する必要があるけれど、実務上は、補助事実として機能する事実が、同時に間接事実としても機能するのが通常だから、事実認定の精度を高めるためには、間接事実から主要事実を推認することができるかについても並行的・重畳的に検討して、ダブルチェックをするのが有益ですね。

　いずれにせよ、このパターンなのでこれしかない、これだけでよい、と硬直的に考えるのはよくありません。

　具体的な事案に応じた検討を行う必要があります。そのことを踏まえて本件の事件記録の検討を進めてください。

Ａ＆Ｂ：はい！

＊　間接事実の補助事実的機能については、10頁以下参照。

「証明度と解明度・信頼度」

　法科大学院等で学修したとおり、事実の存否についての裁判官の内面の判断を「心証」といい、訴訟において当該事実があるものと認定してよいとする裁判官の心証の程度を「証明度」といいます。証明度が問題とされる場面では、高度の蓋然性を要するのか証拠の優越で足りるのか、裁判官の主観的確信なのか客観的蓋然性なのか、などといった議論がされていますね（11頁以下参照）。

　これに関し、学説上、「解明度」という概念があります。これは、十分に証拠調べ・事実審理を尽くした度合い、ないし新たな証拠で証明主題の蓋然性が更に変動することのない程度のことであり、審理結果の確実性と言い換えることができます。要は、必要とされる審理を尽くしたのか、ということです。

　また、学説上、裁判官が自己の心証に対して持つ信頼性という意味で「信頼度」という概念が用いられることもありますが、通常は、解明度が高ければ信頼度も高くなるでしょうし、解明度が低ければ信頼度も低くなるでしょう。

　裁判官が、現在提出されている証拠から要証事実を認定することが躊躇される場合としては、①解明度としては十分であるが、それらの証拠を総合しても証明度に達していないときと、②解明度が足りずに更に他の証拠を取り調べたいときとがあるといわれています。

　刑事訴訟では、捜査段階で十分に証拠収集がされることが通常ですから、ほとんどは①の場合でしょうが、信用できる客観的な証拠がないことが少なくない民事訴訟では、②の場合も往々にしてあります。

　②の場合、紛争の実態に即した解決を図るべき裁判官としては、事案に即した適切妥当な証拠調べが尽くされるよう努めることになりますが、それでもなお解明不十分のまま判断せざるを得ないことも稀ではありません。

　このようなとき、裁判官は大いに悩むことになるのです。

第3 事例の検討
1 導入

 これまで、民事訴訟における事実認定の対象と構造、証拠と判断の枠組みなどの一般論を中心に検討してきた。
 その過程で、本件が、直接証拠である類型的信用文書があり、その成立に争いがある場合に当たり、民訴法228条4項の推定（二段目の推定）に対する反証の成否が判断の中心になることが明らかになった。

 以上を踏まえて、これから、本件について、実際に、事実認定を行っていくことにしよう。

(1) 時系列及び関係図の作成

 世の中に生起する事実は、前後の経緯や背景事情のある一連の社会的事実として存在し、当事者・関係者の心情等が絡んでいるものが少なくない。そこで、事実認定に当たっては、事案の全体像を把握するとともに、「動かし難い事実」や**当事者双方の主張や供述からうかがわれる要証事実に関連するストーリー**（「ストーリー」）の合理性などを分析するために、**時系列表及び関係図**を作成することが有用である。

【時系列表・関係図】
 J：事件記録の検討は進みましたか。
 A：読んではいるんですけど、なかなかポイントが掴めないんです。
   何か良いアドバイスをいただけませんか？
 J：そうですね、まず、**時系列表**を作ってみてはどうでしょうか。
 A＆B：時系列表ですか。
 J：事実認定に当たっては、事実相互の時間的先後関係や間隔が決定的な意味合いを
   持つことが少なくありません。

同じように二つの事実が存在するとしても、その時間的先後関係や間隔が異なれば、正反対の意味合いを持つことも珍しくありません。

経験則も、「このような事実があれば、その後、このような事実が起きることが多い。」などという時間軸をベースにしたものが多いですね。

また、事案を整理していくという点に限っても、時間軸による整理は私たちの頭になじみやすいです。

「*時系列表*」の例		
H9	Y　洋菓子店を開店	
H10	Y　洋菓子の製造・販売を目的とする株式会社モリソンを設立、代表取締役に就任	
H11.4〜	X　Y宅で家事代行者として稼働開始	
	X　離婚に伴う慰謝料や財産分与として元夫から約 6000 万円取得	
H22.10.5	吉丘銀行→Y　1000 万円の返済プランを提示	乙3
H22.10 中	Y→X　借入れの申込み	
H22.10.26	X　金時銀行の定期預金から 2000 万円払戻し	甲2
H22.10.26	**X→Y　貸付け (2000 万円?)　【要証事実】** 弁済期 H23.10.25、利息 40 万円 X・Y　本件借用書（甲1）作成 　**(「二」千万円?　「一」千万円?)** Y→X　担保として、高嶋銀行の定期預金の通帳交付 　**(2000 万円?　1000 万円?)**	
H23.4.25	Y→X　1000 万円弁済	
	中略	
R3.6.28	X　本件訴え提起	

事件記録の検討に当たっては、当事者の主張や証拠を出てきた順番でそのまま読み流すのではなく、特に「動かし難い事実」や当事者が主張する事実について、時系列表を作成して、整理し直してみるとよいでしょう。

時系列表に並んだ「**動かし難い事実**」を、**経験則**を踏まえて、虚心坦懐に検討することによって、**事件の流れ**が浮かび上がり、これと当事者の「**ストーリー**」を対

比することで、その合理性を判断できることが少なくありません。

A：なるほど。

J：また、**関係図**を書いてみるのもいいでしょう。

A＆B：関係図ですか。

J：関係図というのは、事件の関係者やその間で行われた法律行為などを図式化した
ものです。

関係者が多数登場して、その間に取引関係、雇用関係や親族関係など様々な関係
があったり、関係者の間で多数の法律行為が行われていたりする場合、頭の中だけ
では、なかなか整理しきれないでしょう。

だから、これを図式化して視覚的にもクリアにすると、思考の整理に役立ちます。

A：早速やってみます。

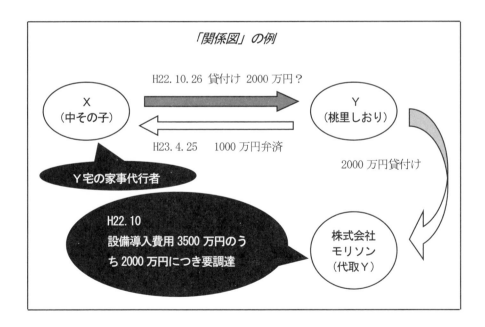

(2) ストーリーと動かし難い事実

具体的な事案では、当事者双方から、要証事実に関し、「**ストーリー**」が提示されるのが通常である。

　提示された段階では、当事者双方の「ストーリー」は仮説にとどまり、多くの場合、どちらの「ストーリー」がより合理的かを検討し、立証責任を負う当事者が要証事実を立証することができているかを検証することにより、要証事実の認定を行うことになる。

　「ストーリー」の合理性の判断は、経験則に照らして不自然な点がないか、一貫性があるかなどを考慮要素としてすることもできるが、その「**ストーリー**」が「**動かし難い事実**」**と整合するか否かを検討する**のが、客観性が高く確実な方法である。

【本件についての当事者のストーリー】

Ｊ：本件の判断の中心は、直接証拠であり類型的信用文書である本件借用書について、民訴法228条4項の推定に対する反証が成功するかどうかということでしたね。

　　それでは、反証の成否は、どのような方法で検討したらよいでしょうか?

Ａ：反証を行う被告の「ストーリー」と原告の「ストーリー」とを対比して、どちらがより合理的かを考えればいいと思います。

Ｊ：被告と原告の「ストーリー」は、それぞれどのようなものですか?

Ｂ：被告の「ストーリー」は、

　　　自ら経営している会社の設備投資のため、被告個人が同社に２０００万円を貸し付けることにし、うち１０００万円を原告から借り入れ、その際、借入金額について「一千万円」と記載された借用書を作成した。平成23年4月25日に１０００万円全額を弁済した。本件借用書に「二千万円」とあるのは、私が「一千万円」と記載した後に、原告が「一」を加筆したものである

　　というものです。

Ａ：原告の「ストーリー」は、

　　　被告に２０００万円を貸し付け、その際、被告は借入金額について「二千万円」と記載された本件借用書を作成した。弁済期前に１０００万円の返済を受けたが、残りの１０００万円は返済されていない

というものです。

【動かし難い事実】

J：被告と原告の「ストーリー」のどちらが合理的かはどうやって判断するのですか？

B：主張書面や陳述書を読んだだけでは、どちらの「ストーリー」も本当のように感じられて判断がつかないので、どちらの「ストーリー」が、客観的な証拠から確実に認定できる事実と整合するかを検討すればいいんじゃないでしょうか。

J：そうですね。

当事者の「ストーリー」について、それと同趣旨の当事者の供述だけを基礎にして検討しても、なかなかその当否を判断することはできないけれども、客観的な証拠から確実に認定できる事実と整合する「ストーリー」は真実である可能性が高く、逆にそのような事実と整合しない「ストーリー」は真実とは認めづらいといえますね。

その事案において存在が確実な事実を何といいますか？

A：「**動かし難い事実**」です。

(3) 動かし難い事実の抽出

【動かし難い事実の抽出】

正確な事実認定をするための基礎となる「**動かし難い事実**」として、次の二つを挙げることができる。

①　争いのない事実

②　成立の真正が認められ信用性が高い書証から認定できる事実

上記①は、訴訟当事者が相手方の主張する事実を認めている場合であるが、当事者双方の認識が一致しているため、その存在に疑いを生じさせるような特別の事情がない限り真実であると考えられるから、弁論の全趣旨（民訴法 247 条）によって確実に認定することができる。また、上記②は、客観的にみて信用性のある文書（27 頁以下参照）から確実に認定することができるものといえる。

民事訴訟の流れをみると、争点整理の段階において、要証事実に関連する間接事実の主張、書証の提出が行われ、認否反論がされるなどして、当事者双方の「ストーリー」とともに、上記①及び②の「動かし難い事実」が明らかとなる。裁判官は、上記①及び②の「動かし難い事実」を基礎として（動かし難い事実から推認できる間接事実がある場合には、その間接事実も含めて）当事者双方の「ストーリー」の合理性を検討して暫定的心証を形成する。

　　Ｊ：「動かし難い事実」を抽出するためには、どうしたらよいでしょうか？
　　Ａ：記録を端から端まで丁寧に検討することです。
　　Ｊ：それはとっても大事なことです。
　　　　それでは、当事者から提出された主張が淡泊だったり、証拠が少ない場合にはどうすればよいでしょうか？
　　Ｂ：争点整理の段階から、当事者双方に対して、要証事実に関連する事情について時系列で詳しい主張を求めるとともに、相手方に対して、詳しい認否反論を求め、争いがある事実については、証拠の提出を促すことが大事だと思います。
　　Ｊ：そうすれば、当事者双方の「ストーリー」がはっきりしますね。
　　　　同時に、双方の主張が一致する部分が明らかになり、信用性が高い書証が提出されることで、要証事実に関連する「動かし難い事実」が抽出でき、「ストーリー」と対比することができますね。

　その上で、裁判官は、人証調べ（証人尋問、当事者本人尋問等）の後、**上記①及び②の「動かし難い事実」を中心**として、**信用性の高い供述証拠から確実に認定できる間接事実をも加味**して、改めて当事者双方の「ストーリー」の合理性を検討して要証事実の認定を行う（以下、**「動かし難い事実」**と上記の確実に認定できる間接事実とを併せて**「『動かし難い事実』を中心とする間接事実」**という。）。

　　　＊　裁判官が口頭弁論終結後に事実認定をする際、その基礎とすることができる間接事実は、上記①及び②の「動かし難い事実」に限られない。しかし、争われている間接事実を供述証

拠から認定する際には、様々な要素を考慮してその信用性を適切に検討する必要がある（29頁以下参照）。例えば、(1)成立の真正が認められ信用性が高い書証による**裏付けがある供述内容**は、「動かし難い事実」と整合して信用性が高く、その供述に係る事実を認定できる。また、(2)**当事者双方の供述が一致する場合**には、本来対立する当事者双方の認識が一致しているのだから、特別の事情がない限りその供述は信用してよく、その供述に係る事実を認定してよい。さらに、自分に不利な嘘はつかないという経験則があるから、(3)その訴訟の争点との関係で、当事者が不利益な事実を自認している場合、この事実（**不利益事実の自認**）も、真実である可能性が高いものとして認定できることが多い。もっとも、供述者が有利・不利について判断することが難しい場合、供述者にとって供述した事実よりも不利な事実を隠そうとして些細な不利益事実を供述する場合、自分に有利な事実を供述する過程で不利益事実を供述する場合などは、上記経験則を適用することができず、不利益事実の自認として認定することができないので注意が必要である（なお、**争点整理手続が適切に行われた場合には、(2)当事者双方の供述が一致する事実及び(3)不利益事実の自認は、争いのない事実に収れんされることが少なくないであろう。**）。以上のほか、(4)**利害関係のない第三者の供述内容**は、供述者の態度、供述過程、その内容の合理性、一貫性、具体性などを考慮して信用できることがある。

＊　上記＊の(2)及び(3)について、当事者に準じる者の供述と相手方当事者又は相手方当事者に準じる者の供述とが一致する場合や、当事者に準じる者が当該当事者に不利益な事実を自認している場合には、上記＊の(2)及び(3)と同様に、それらの事実を認定できる場合が多い。

(4)　「動かし難い事実」を中心とする間接事実によるストーリーの検討

　当事者双方が提示する「ストーリー」と、「動かし難い事実」を中心とする間接事実（以下、本項では「『動かし難い事実』等」ということもある。）との整合性の判断は、当該事実と要証事実との関連性（要証事実の存在を推認させ、又はこれを妨げる力の有無やその程度）を考え、いずれの「ストーリー」がより合理的かを検証することにより行う。

【事実認定の手法】

　Ｊ：―――というのがオーソドックスな事実認定の手法です。

　　　「事実認定は、仮説の構築とその検証」と言われています。

　　　その意味は、裁判官は、当事者の提示した「ストーリー」が「動かし難い事実」等を矛盾なく説明できるものなのかを検証するだけではなく、当事者が明示的には提示していないものの「動かし難い事実」等をよりよく説明し得る別の仮説があるのではないかということを絶えず検討する作業を通じて、事実認定を行っていくというものです。

　　　その作業は、もちろん人証調べの段階でも行うけれど、それ以前に争点整理の段階でも、当事者の主張や証拠の内容について当事者と口頭で議論をするなどして、仮説の検証を行っておくことが非常に重要です。

　　　それでは、当事者双方の「ストーリー」の合理性を検討する場合、「ストーリー」と「動かし難い事実」等をどのように対比すればよいでしょうか?

　Ａ：当事者双方の「ストーリー」のうち、「動かし難い事実」等と整合する数の多い「ストーリー」が合理的だと思います。

　Ｊ：「ストーリー」の合理性は、「ストーリー」が「動かし難い事実」等と整合した数で決まるということですか?

　Ａ：そうです。

　　　数は正義です。

　Ｊ：それは、「動かし難い事実」等の持つ意味や重要性が全て同じであることを前提にする考え方ですね。

　Ｂ：当事者の「ストーリー」と「動かし難い事実」等が整合するといっても整合の度合い、つまり、「ストーリー」と「動かし難い事実」等の関連性は様々なので、「動かし難い事実」等ごとに持つ意味や、その重要性は異なると思います。

　Ａ：確かに「動かし難い事実」等の中でも重要なものとそうでないものはあると思います。

　Ｊ：そうすると、単に「ストーリー」と一致する「動かし難い事実」等の数では「ストーリー」の合理性は決まらないことになりますね。

Ａ：そうかもしれません。

Ｊ：Ｂさんが言うように「動かし難い事実」等の中にも要証事実との関連性が強く核となる重要なものと、要証事実との関連性が弱く余り重要でないものとがあるから、このことに留意が必要です。要証事実との関連性が乏しい「動かし難い事実」等との整合性を検討しても余り意味がありません。

　　事実認定においては、**要証事実との関連性が強く核となる「動かし難い事実」を中心とする間接事実を重視して、当事者双方が主張する「ストーリー」との整合性を検討し、整合性の程度を判断**しましょう。

　　その際、自分が採用しようとしている「ストーリー」が「動かし難い事実」を中心とする間接事実と矛盾したり、「動かし難い事実」を中心とする間接事実を説明できなかったりする場合には、自分の見解に疑問を持って再度考え直してみる必要があるでしょうね。また、当事者双方のいずれの「ストーリー」にも「動かし難い事実」等と整合しない不合理な点があり、そのままでは採用できないことがあります。そのような場合、核となる重要な「動かし難い事実」等をつなげて別の仮説を定立した上で、**その仮説が全ての「動かし難い事実」を中心とする間接事実を説明し得る合理的なものかどうかをよく検討することが重要**になります。そして、その仮説が合理的である場合には、その仮説を踏まえ、要証事実の存否を判断することになります。

Ｂ：原被告間で２０００万円の返還合意があったという事実については、積極方向に働く「動かし難い事実」等と消極方向に働く「動かし難い事実」等のほか、これらの「動かし難い事実」等が要証事実を推認させる程度を弱める「動かし難い事実」等などもあるから、個々の事実の位置付け、相互関係や機能をも念頭に置いて検討する必要があるんじゃないでしょうか。

　　「動かし難い事実」等相互の関係に注意することなく、ただ闇雲に「動かし難い事実」等を抽出して、当事者双方の「ストーリー」と対比するだけでは、どちらの「ストーリー」が正しいかを判断するのは難しいと思います。

Ｊ：そのとおりです。

　　「動かし難い事実」等相互の関係に注意することも大切です。

【間接事実の位置付け】

　「動かし難い事実」を含む間接事実は、要証事実の存在を推認させるもの（①）とその存在を疑わせるもの（②）に位置付けられる。

　後者については、同じ間接事実が、別の間接事実により要証事実の存在を推認させる程度を弱めるものとして機能することもある（③）。

　このような、間接事実の位置付け、相互関係や機能を十分理解する必要がある。

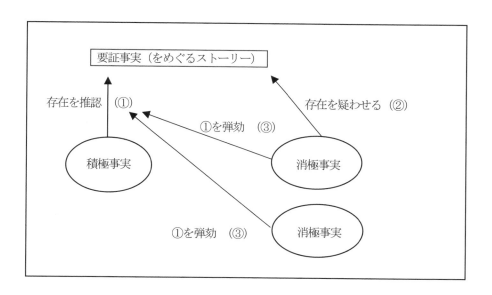

(5) 間接事実の関連性を評価するための視点

　「ストーリー」の合理性を検討するに当たっては、「動かし難い事実」を中心とする間接事実のうち要証事実との関連性が強いものが重視される。「民事訴訟の事実認定は、徹頭徹尾、経験則の適用である」と言われているように、経験則は、事実認定のあらゆる過程において、有用な機能・役割を果たしており、間接事実と要証事実との関連性の強弱も適用

される経験則に応じて異なる（32頁参照）。

　したがって、経験則を念頭に置きつつ、要証事実の認定を左右する重要な間接事実を選別し、これらを適切に評価するための視点を設定することが有益である。また、その視点の下に、「動かし難い事実」を中心とする間接事実を分類・整理し、これらを一括して評価することにより、論理的で説得力がある論述ができる。このような視点をどのようにして得ることができるであろうか。個別具体的な事案で当事者双方の「ストーリー」を踏まえて考えていくしかなく、一般化することはできないが、次のようにいうことができる。

　時間軸をベースにした経験則を使うことが多いことから、時系列表に並んだ要証事実の前、その当時及びその後の間接事実にそれぞれ着目して要証事実との因果関係を考えることにより、適切な視点が得られることがある。例えば、契約締結が争われた裁判例をみると、当事者の契約締結の動機や必要性、交渉の経過、契約締結を可能とするような資産状態、契約締結時における当事者の所在や言動、契約書等の書面の有無やその内容の合理性、契約締結と整合する当事者の事後的な言動の有無など時間軸を意識することにより設定し得る視点から間接事実が評価されている場合がある。

　また、事実が生起するとその客観的痕跡が残ることがあり、人は行動の結果を意識的に書面や記録に残すことがあるから、要証事実に関連する痕跡、書面、記録等の有無やその内容などが適切な視点となることがあろう。

　　Ｊ：ここまで、事実認定の基礎として「動かし難い事実」を中心とする間接事実を抽出し、当事者双方の「ストーリー」や時系列などを意識して適切な視点を設定し、その視点の下で、「動かし難い事実」を中心とする間接事実と要証事実との関連性を評価し、いずれの「ストーリー」が合理的なものかを検証することを通じて要証事実の存否を判断することが分かりましたね。

　　　それでは、これから、本件に即して具体的に考えていきましょう。二人とも、次回までに、事例から「動かし難い事実」を中心に間接事実を抽出し、どのような視点を設定するのが適切かを考えておいてください。

　　Ａ＆Ｂ：分かりました。

2　本件借用書の変造可能性

［視点の設定］

　被告は、本件借用書について、民訴法228条4項の推定に対する反証に係る事実として、1000万円の借用書として被告が署名した後に、原告が2000万円の借用書に変造した旨主張している。

　そうすると、まず、本件借用書について、上記のような変造が可能か否かを検討する必要があるだろう。

　抽出した「動かし難い事実」を中心とする間接事実の中から、「本件借用書の変造可能性」に関するものを挙げて、要証事実との関連性を考えてみよう。

　　J：二人とも、前回宿題にした、間接事実の抽出や視点の設定はできましたか？
　　A＆B：はい。
　　J：では、それを前提に話を進めますが、本件では、どのような点に着目して、当事者双方の「ストーリー」と間接事実との整合性を検討すればよいでしょうか？
　　B：被告が、民訴法228条4項の推定に対する反証に係る事実として、

　　　　　本件借用書には、借入金額として、「一」千万円と記載されていたのに、原告が「一」の上か下にもう1本「一」を書き足して、「二」千万円に変造した

　　　と主張していますから、そもそも、**本件借用書について、このような変造が可能かどうかにまず着目すべきだ**と思います。
　　A：賛成。
　　　　本件借用書の体裁上、客観的・物理的に、被告が主張するような変造が不可能であれば、それだけでほとんど勝負がついてしまうことになりますからね。
　　J：いい視点ですね。

【書証の原本の確認】

　　J：そして、本件借用書の体裁を確認する上では、写し（コピー）ではなく、原本を確

－ 53 －

認することが、まずもって大事なことを覚えておいてください。

　　民事訴訟法や規則で、書証として文書を提出する場合、写しでは駄目だとされていることは知っていますね？

B：民訴法219条では、「**書証の申出は、文書を提出し、又は文書の所持者にその提出を命ずることを申し立ててしなければならない。**」とされていて、民訴規則143条1項では、「**文書の提出又は送付は、原本、正本又は認証のある謄本でしなければならない。**」とされています。

A：さすがBさん、条文引くの早いですね。

J：単なる写しは、「謄本」であって、「認証のある謄本」には当たらないから、法律上も、原本での取調べが必要です。

　　コピー機により原本と寸分違わぬコピーが作成できるけれど、原本をきちんと確認すると、紙の材質や変質の有無、折り目の有無、署名のインクの色など、コピー機では再現できない様々な情報を入手できることがあります。

　　また、当事者に原本の提出を求めた際、当事者が原本を持っていないこともあり、この事実自体が重要な意味を持つこともあります。

　　だから、**必ず書証の原本を確認する**ことを忘れないでください。

＊　文書の写しが提出される場合

　　まず、①原本の提出に代えて写しが提出される場合がある。原本の存在と成立に争いがなく、相手方において、写しをもって原本の代用とすることに異議がないときは、原本の提出に代えて写しを提出することができる（大判昭5.6.18民集9-609）。この場合、証拠調べの対象となるのは、あくまで原本であるから、書証目録の標目等欄には「○○（写し）」と記載され、認否は、原本の存在及びその成立を認めるとなるのが通例である。

　　また、②写しを原本として提出する方法による場合がある。この場合は、写しそのものが証拠調べの対象であるから、書証目録の標目等欄には「○○写し」と記載される。写し自体の成立がまず問題となるが、写しの成立のみならず、原本の存在及びその成立に争いがなく又は証明されたときは、その写しは原本と同じ証明力を有することになるから、写し自体の成立と併せて、原本の存在及びその成立についても認否するのが通例である。

J：ということで、本件借用書（甲1）の原本を調べてみましょう。

B：手書き部分は、全てボールペンで記載されていますが、インクの色は全て同じですし、体裁上、後で書き加えられたような形跡は認められません。

J：確かに、はっきりしないですね。

   * 原本の取調べ

     実務上、書証の原本を取り調べた後は、その原本は証拠申出人に返還して、訴訟記録には写しを綴るのが通例である。しかし、その後、尋問で証人に示す必要があるとき等、再度、原本を確認する必要が生じた場合には、その際に、改めて、提出を求めることになる。

J：書証を細部まで丁寧に観察すると、文書を綴じているステープラーの針が錆びていることが発見され、その文書の作成後かなりの年月が経過していることが分かったり、1通の文書に押印された複数の印影の朱肉の色が違っていることが発見され、別の機会に押印された可能性が高いことが分かったりすることもあるから、そういう習慣も身に付けましょう。

   「真実は細部に宿る。」と言われています。

    * 上記でJ裁判官が述べている証拠調べは、実質的には、検証（民訴法232条）に該当するものである（書証の意義については、13頁参照）。

「真実は細部に宿る。」

「真実は細部に宿る」という言葉がありますが、その起源は、20世紀を代表するドイツの建築家ミース・ファン・デル・ローエの「神は細部に宿る—God is in details.」にあります。彼は、ル・コルビュジエ、フランク・ロイド・ライトとともに、近代建築の三大巨匠といわれ、ミニマリズム建築で有名です。

「神は細部に宿る」とは、装飾を廃したミニマリズム建築においては、接合部のデザ

インをいかにきれいに見せるかなど細部へのこだわりが重要であることをうたったものです。

その後、この言葉は、「魂は細部に宿る」、「真実は細部に宿る」などといった言葉に転換され、映画監督の黒澤明をはじめ、作家、デザイナーなど職人的な仕事に携わる人がこの言葉を引用し、自身の仕事に込めた思いを語っています。

職人が作品を創作する際、細部にまでこだわらなければ、良い作品を生み出すことはできないという自戒の表れなのでしょう。

この細部へのこだわりは、元来、表現、すなわち、アウトプットの際のこだわりを念頭に置いたものです。

しかしながら、良いアウトプットをする当然の前提として、インプットの際にも細部にこだわる必要があります。

法曹の仕事も、真実を探求し、その判断を書面に表すという意味で、職人的な仕事という面があります。そして、探求した真実を書面にアウトプットするためには、インプットの際、すなわち、真実を探求する過程である証拠の検討の際に、細部にもこだわることが求められます。

このように、法曹にとって「神」ともいえる「真実」の発見に至るためには、証拠の細部まで精密に検討することが重要なのです。

J：それでは、**「本件借用書の変造可能性」**について、当事者双方の「ストーリー」が間接事実と整合するかどうかを具体的に検討してみましょう。

抽出した間接事実の中で、「本件借用書の変造可能性」に関する事実としては、どのようなものがありますか？

B：　**本件借用書は、手書きで作成されていて、借用金額の冒頭には「弐」のような大字（だいじ）ではなく、「二」という通常の漢数字が用いられている**

事実（甲1）が挙げられると思います。

J：この事実はどのような意味を持ちますか？

A：手書きで記載されているので、簡単に書き足すことができます。

B：また、「壱」、「弐」といった大字が用いられていれば、その後に加筆して変造する

ことは困難ですが、「一」という通常の漢数字なので、その後に横棒1本を書き足して、「二」に変造することが可能です。

　ですから、被告の「ストーリー」と整合し、２０００万円の返還合意の認定においては、消極方向に働くと思います。

A：他方、

　　　本件借用書の借用金額の中の「二」は、他の文字と同じ高さに記載されているように見える

けど（甲1）、Bさん、これはどうだろう？

　　「一」に横棒1本を書き足して「二」を変造したとは認め難いとはいえないかな？

B：　　借用金額の中の「二」は、他の文字よりもやや高めに記載されているようにも見える

　ことや

　　　その次の行の「一年間」の「一」が他の文字よりも下寄りに書かれている

こと（甲1）からすれば、何ともいえないんじゃないかな。

　被告には「一」をやや低めに書く癖があったとしたら、後で誰かがその上に横棒1本を書き足して「二」にしても、余り不自然さは残らないからね。

A：確かにそうかもしれないなぁ・・・。

J：そうすると、本件借用書の体裁上はどのようにいえますか？

B：変造が可能な体裁だとはいえますが、変造されたと認めるだけの痕跡はないと思います。

J：他に「本件借用書の変造可能性」について、検討すべき事実はないですか？

A：他にはないんじゃないでしょうか。

J：被告は、原告が変造したと主張しているけど、**変造の機会**に関して「動かし難い事実」はないですか？

B：　　本件借用書は、平成２３年４月２５日以降現在に至るまで、原告が保管している

　事実（争いなし）が挙げられると思います。

J：この事実はどのような意味を持つのでしょうか？

B：原告には本件借用書を変造しようと思えば変造する機会があったといえますから、被告の「ストーリー」と整合し、２０００万円の返還合意の認定においては、消極方向に働くと思います。

J：他にはないですか？

A：「動かし難い事実」は、これくらいだと思います。

J：原告が変造したとすれば、**変造の動機**が必要ですね。

A：お金はみんなたくさん欲しいから、変造の動機は誰にでもあるんじゃないでしょうか。

J：Aさんの考え方によれば、みんな泥棒をする動機があることになってしまいます。本件**事例**に即して何か具体的な動機はないですか？

B：　　**原告が平成３１年４月に被告宅の家事代行者を辞める際、原告に退職金が支払われず、原被告間に退職金の支払をめぐってトラブルが生じていた**事実（原告供述８項、被告供述８項）が挙げられます。

J：この事実は認定できますか？

B：原告も被告も本人尋問の中で、原告が家事代行者を辞める際、退職金の支払をめぐってトラブルがあった旨供述していて、当事者双方の認識に一致がみられるので、その供述内容には信用性があり、認定できると思います。

J：では、この事実はどのような意味を持つのでしょうか？

B：本件訴訟は、被告から退職金を支払ってもらえない原告が腹いせに起こした可能性も考えられなくはないので、被告の「ストーリー」と整合し、２０００万円の返還合意の認定においては、強くはありませんが、消極方向に働くと思います。

＊　当事者双方の供述が一致する事実については、48頁参照。

J：「本件借用書の変造可能性」に関する間接事実は出尽くしたようですね。

それでは、「本件借用書の変造可能性」に関する間接事実をまとめると、どういうことになりますか？

読者の皆さんも、これまで検討してきた「本件借用書の変造可能性」に関する間接事実が、要証事実の認定にどのように働くかについて、整理して、まとめてみよう。

   A：本件借用書の体裁上は、「一」を「二」に変造することが可能で、原告には変造の機会があったから、変造可能性があるのは間違いないです。

   B：原告は、本件訴え提起の2年前に被告から退職金をもらえなかったのだから、被告に対する腹いせに本件借用書を変造しようとしたと考えることができますが、動機としては強くないと思います。

【民訴法228条4項の推定（二段目の推定）に対する反証の成否と本証の成否】

   J：「本件借用書の変造可能性」に関する間接事実について検討してきたけれど、これによって、民訴法228条4項の推定は覆ったといえますか？

   A：本件借用書の変造可能性があったとはいえるけど、これだけで推定を覆すほどの可能性があったとはいえないと思います。

   J：では、一般論として、文書作成後の変造・改ざんなど、推定に対する反証の根拠となる事実の内容やその立証の程度を検討するだけで結論が出るでしょうか？

     それとも、更に何か検討する必要がありますか？

   B：民訴法228条4項の推定は挙証者の立証の負担を軽減しているだけだから、反証の根拠となる事実が存在する可能性があったとしても、それだけで結論を出せるわけではなく、更に、他の証拠によって文書の成立の真正が立証されているかどうかを検討する必要があるのではないでしょうか。

   A：でも、僕が読んだ判決では、文書改ざんの可能性があるため推定が覆るという判断の後は、直ちに請求棄却の結論を出していたような気がするんですが・・・。

   J：Bさん、「他の証拠による検討」というのは、具体的にどういうことですか？

   B：本件借用書に被告の意思に基づく署名があることは認めながら、本件借用書全体の成立を否定するような事情が、民訴法228条4項の推定を覆す事情ということになりますよね。

     ですから、本件では、「本件借用書の変造可能性」に関する間接事実がその事情に

当たると考えます。

　でも、「本件借用書の変造可能性」に関する間接事実以外にも、本件借用書の真正な成立について、積極方向・消極方向に働く間接事実とその証拠がありますよね。

　例えば、原告は、被告に２０００万円を貸すだけの資力があって、その金銭を現実に用意していた事実に関する証拠とか。

　・・・でも、結局、これは民訴法228条4項の推定を補強するものだから、反証の成否で検討していることになるんですね。

　つまり、「他の証拠による検討」の内容は、実質的には反証の成否についての検討内容と重なるんですね。

　そうすると、反証の成否とは別個独立に本証の成否を検討する必要はないことになります。

Ｊ：書証の成立の真正について、推定に対する反証の成否と本証の成否の間で、考慮事情や立証責任を含む判断内容は実質的に重なることが多いのです。

　だから、反証の成否が明白で、これのみで決着がつく事案であればともかく、それ以外の事案においては、推定に対する反証と本証とを厳密に区別して論述する実益に乏しいといえます。

　むしろ、反証の成否の判断の中で、本証の成否について積極方向に働く事情・消極方向に働く事情も含め全ての事情を総合考慮する形式による方が、きめ細かで説得力のある論述を展開できるという利点があるので、多くの裁判例は、そのような形式を採っているのです。

　本件についても、本件借用書の変造可能性は一応肯定されるけれども、これのみで決着がつくという事案ではないから、その他の全事情を総合考慮した上で、反証の成否を判断し、それをもって要証事実の存否についての結論とする方が、説得力のある論述ができるでしょうね。

Ａ＆Ｂ：なるほど。

3　原告の資金状況

[視点の設定]

　要証事実である２０００万円の返還合意があったとすれば、貸主である原告は、本件貸金契約成立日に２０００万円を保有しており、これを交付する準備をしていたはずであるから、要証事実の存否を判断するに当たって、この点に関する事実を検討するのは有益である。

　抽出した「動かし難い事実」を中心とする間接事実の中から、「原告の資金状況」に関するものを挙げて、要証事実との関連性を考えてみよう。

【貸主の資力】

　　Ｊ：それでは、Ａさん、本件で次に着目すべきポイントとしては、どういうものがありますか？

　　Ａ：原告は被告に２０００万円を貸し付けたと主張しているのですから、その前提として、本件貸金契約締結の時点で原告が２０００万円以上の資産を保有している必要があるんじゃないでしょうか。

　　Ｊ：持っていないものを貸すことはできないからですね。

　　　　では、この点に関する間接事実として、どのようなものが挙げられますか？

　　Ｂ：　　原告が、元夫から財産分与等として約６０００万円を得ており、平成２２年
　　　　　１０月当時においても相当程度保有していた

　　という事実が挙げられると思います。

　　Ｊ：その事実の認定根拠は何ですか？

　　Ｂ：【原告中その子の主張】第３の２で原告が主張しているのに対し、【被告桃里しおりの主張】第３で被告が認めているので、「争いのない事実」といえます。

　　　　この事実について当事者双方の認識が一致し、その存在に疑いを生じさせるような特別の事情はないので、弁論の全趣旨によって認定することができます。

＊　「争いのない事実」については、46頁参照。

J：この事実は、要証事実の認定において、どのような意味を持ちますか？

A：原告は貸し付けたと主張する２０００万円の３倍ものお金をもらっていたという
　んですから、２０００万円の返還合意の認定においては、積極方向に働くんじゃな
　いでしょうか。

J：確かに、原告には、２０００万円を貸し付ける資力があったといえそうですね。
　　しかし、資力があったことが認められたとして、２０００万円の返還合意を認定
　する方向に働きますか？

A：いや、撤回します。
　　資力があったとしても、その中で幾ら貸すかについてはいろいろな場合があり得
　ますもんね。
　　原告自身、他にお金が必要な事情があったかもしれないですし。

J：そうですね。
　　では、逆に、原告が当時２０００万円の資産を持っていなかったとしたら、この
　事実は、要証事実の認定において、どのような意味を持つでしょうか？

B：先ほどJ裁判官がおっしゃったように、持っていないものを貸すことはできない
　ですから、この事実は２０００万円の返還合意がなかったことを強く推認させます。
　　・・・ということは、ある事実の存在が要証事実の存在を推認させるものではな
　い場合でも、同じ事実の不存在が要証事実の不存在を推認させることがあるという
　ことですね。

A：さすがBさん！
　　それって、**「逆は必ずしも真ならず」**ってことですね？

J：厳密には違いますが、まあよしとしましょう。
　　主張分析でも事実認定でも、論理性には細心の注意を払う必要があります。
　　論理性のない判決に、説得力はないですから。

「逆は必ずしも真ならず。」

　命題「AならばB」に対して、「BならばA」を「逆」といいます。

　A⊂Bの場合（AがBに含まれる場合）には、「AならばB」とはいえますが、「BならばA」とはいえませんね。これが「逆は必ずしも真ならず。」です。

　また、上記の命題に対して、「AでないならBでない。」を「裏」といいます。ここでも、A⊂Bの場合には、「AでないならBでない。」とはいえませんね。本文でBさんが述べているのは、これに似た論理構造です。

　さらに、上記の命題に対して、「BでないならAでない。」を「対偶」といいます。

　数学の世界では、命題の真偽と対偶の真偽は一致するといわれています。

　もっとも、事実認定は、数学とは異なりますので、命題の真偽と対偶の真偽が必ず一致するとはいえないでしょう。事実認定においては、暗黙のうちに前提や条件を付して考えていることが少なくないからです。

　ですから、事実認定を行うに当たっては、暗黙の前提や条件を明確に言語化した上で、その当否を慎重に吟味し、論理関係を検証する必要があります。

【貸金原資の調達】

　J：話を進めましょう。

　　　本件の主要な争点は、原被告が２０００万円の返還合意をした事実があったかどうかだけど、この事実が存在するとすれば、これと同時に、原告から被告に２０００万円が交付されたと考えられますね。

　　　では、Bさん、この場合、原告は、被告に交付するために２０００万円を準備していたはずだけど、どのように準備したと言っていますか？

　B：原告の供述３項に、「定期預金を解約して・・・現金２０００万円を貸し付け」とありますから、原告は、被告に渡した２０００万円は、定期預金を解約して払戻しを受けた現金だと言っています。

　J：Aさん、それを裏付ける証拠はあるかな？

Ａ：あります！

　　甲２号証として、原告名義の金時銀行の預金通帳が提出されており、これによれ
　　ば、平成２２年１０月２６日に２０００万円の定期預金が解約されています。

Ｊ：預金通帳は、紛争当事者と利害関係のない第三者たる銀行が、預金の出入りとい
　　う事実の発生する都度、業務の一環として機械的に作成するものなので、通常は信
　　用できる文書とされていて、被告も成立を争っていないし、これに対する反論・反
　　証もないようだから、甲２号証から、

　　　　　原告は、平成２２年１０月２６日、２０００万円の定期預金を解約した
　　事実を認めることができますね。

　　＊　報告文書の類型による信用性の程度については 27 頁以下、成立の真正が認められ信用
　　　　性が高い書証から認定できる事実については 46 頁各参照。

Ｊ：では、この事実は、要証事実の認定において、どのような意味を持ちますか？

Ａ：原告が金時銀行で定期預金を解約して払戻しを受けた現金２０００万円を、その
　　まま被告に貸し付けた情景が目に浮かびます。

　　本件における貸付金額は２０００万円で決まりです。

Ｂ：Ａさんも前提にしていることですが、定期預金の解約日と本件貸金契約の締結日
　　が同じ平成２２年１０月２６日であるということも、積極方向の推認を強める要素
　　になると思います。

Ｊ：Ａさんは、金銭の受領と交付という原告の二つの行為における金額が一致してい
　　ることを指摘しているのですね。

　　Ｂさんが指摘してくれた日付の点、つまり、二つの事実の時間的な近接性は、一
　　般論としても、とても重要なものですね。

　　前にも話したとおり、主張分析でも事実認定でも、**時系列表**を作成するなどして、
　　時的因子や時間的先後関係をしっかりと把握してほしいと思います。

　　＊　時系列表については、42 頁以下参照。

J：Aさんは、この事実から、貸付金額は２０００万円で決まりと言っていますが、
　　Bさんは、その点はどう考えますか？

B：一定程度積極方向に働くとは思いますが、決定的とはいえないと思います。

　　当時、原告自身に、お金を必要とする事情があったかもしれないからです。

J：また、甲２号証によれば、この定期預金は３か月定期で満期日は平成２２年１０
　　月２６日だったのだから、被告から１０００万円の借入れの申込みがあったことを
　　機に、満期となった定期預金を継続せずに解約して払戻しを受けて、１０００万円
　　は被告に貸し付け、残りの１０００万円は別に預金したというようなことも、可能
　　性として考えられなくはないですね。

A：なるほど。

　　２０００万円の定期預金を解約して払戻しを受けたとしても、その２０００万円
　　がその後どうなったかはいろいろな可能性があるから、そのまま被告への貸付けに
　　充てられたと認定することはできないということですか。

　　そう言われてみれば、そうですね。

J：要は、一つの事実を過大視して、結論を決めつけてはいけないってことです。

　　なるべく多くの事実をピックアップして、それぞれの事実が持つ意味を慎重に吟
　　味して、バランスの良い判断をすることが大事です。

　　これまで検討してきた事実は、原告の資力や本件貸金の原資の調達に関するもの
　　だから、これらをまとめて、「原告の資金状況」と整理することにしましょう。

　　それでは、「原告の資金状況」に関する間接事実をまとめると、どういうことにな
　　りますか？

**読者の皆さんも、これまで検討してきた「原告の資金状況」に関する間接事実が、要証
事実の認定にどのように働くかについて、整理して、まとめてみよう。**

A：原告が以前に元夫から財産分与として約６０００万円を得ていたことは、それほ
　　ど意味がありませんが、本件貸金契約の締結日である平成２２年１０月２６日、本

件貸金と同額である２０００万円の定期預金を解約して払戻しを受けたので、これ
をそのまま被告に貸し付けた可能性が高いです。

B：ただ、その定期預金の満期日は同じ日だったので、原告が１０００万円を被告に
貸し付ける原資として定期預金全額を解約せざるを得ず、残りの１０００万円は別
預金とした可能性などもあるので、払戻金２０００万円を全て被告に貸し付けたと
断定することはできません。

4　借入れの動機・必要性

［視点の設定］
　要証事実である２０００万円の返還合意があったとすれば、それ以前に、借主である被告には借入れをする動機・必要性があったはずであるから、要証事実の存否を判断するに当たって、この点に関する事実を検討するのは有益である。

　抽出した「動かし難い事実」を中心とする間接事実の中から、「借入れの動機・必要性」に関するものを挙げて、要証事実との関連性を考えてみよう。

【借主の資金需要】
　Ｊ：これまでは、「原告の資金状況」ということで、貸主である原告の事情を検討してきたけれど、金銭消費貸借契約が締結される場合には、当然、借主にお金を必要とする事情があるはずですね。
　　　ここでは、本件貸金契約の借主である被告の事情、すなわち**「借入れの動機・必要性」**の有無について、検討していきましょう。
　　　この点に関する間接事実として、どのようなものが挙げられますか？
　Ａ：　　被告は、平成２２年１０月頃、被告が代表者を務めるモリソンのケーキ製造工場に最新鋭の設備を導入する費用として、３５００万円が必要になったが、そのうちモリソンの自己資金で賄えない２０００万円を、被告において調達する必要があった
　　　という事実を挙げることができます。
　Ｊ：この事実の認定根拠は何ですか？
　Ｂ：被告の供述２項です。
　Ｊ：前にも触れたように、人証というのは、虚偽が混入する可能性があるから、その信用性の判断には十分な慎重さが必要なんだけれど、Ｂさんが指摘した供述は信用できますか？
　Ｂ：被告が２０００万円を調達する必要があったという事実は、　２０００万円の返還

合意という要証事実を推認させる、被告にとって不利益な事実であり、かつ、信用性を疑うべき事情は見当たりませんから、信用性を認めてよいと思います。

　　＊　不利益事実の自認については、48頁参照。

【借主の資力】

　Ｊ：ここまでの話で、当時、被告には２０００万円を必要とする事情があったとはいえるけれど、被告がそのうちの幾らかでも自分で保有していたとすれば、２０００万円を借り入れる必要はないですね。

　Ａ：とすると、被告の資力が問題になるってことですか。

　Ｊ：当時の被告の資力はどうだったのでしょう？

　Ｂ：被告は、乙４号証の３項や被告の供述３項で、手元に１０００万円の現金を置いていたと述べています。

　Ｊ：では、被告が、当時、手元に１０００万円の現金を置いていたという事実は認定できますか？

　Ａ：さっきやったばかりの話ですね。

　　　被告が手元に１０００万円の現金を置いていたという事実は、これによって、被告が借り入れたのは、必要な２０００万円全額ではなく、手元にあった１０００万円を差し引いた１０００万円だけであると推認させるものです。

　　　そうすると、これは、被告にとって有利な事実になりますから、被告の供述のみから、認定することはできません。

　　　また、原告が同趣旨の供述をしているわけでもなく、他にこれを裏付ける証拠もありませんから、結局、認定できないと思います。

　　　その上、１０００万円もの大金は銀行に預けるのが普通で、現金として手元に置いておくことがあるのかどうかも疑問です。

　Ｊ：証拠から認定できないだけではなく、経験則上も疑問があるということですね。

　　　更に付け加えていえば、当時、手元に１０００万円の現金を置いていたという被告の供述は、文字どおりの意味に加えて、その１０００万円をモリソンへの融資に

充てたという趣旨を含んでいますね。

　　Ｂさん、この供述が信用できるとしたら、どうなりますか？

Ｂ：モリソンが被告から融資を受けた２０００万円のうちの１０００万円は、被告が
　　手元に置いていた現金１０００万円であったということになります。

　　そうすると、被告が原告から２０００万円を借り入れる動機・必要性がなくなり
　　ますから、この事実は、本件の要証事実である２０００万円の返還合意を否定する
　　方向に極めて強く働くと思います。

Ｊ：論理的には、手元に１０００万円の現金を置いていたという事実とその１０００
　　万円をモリソンへの融資に充てたという事実は別の事実だけど、被告の供述は両方
　　を含む趣旨ですね。

　　そうすると、この供述が信用できると判断することは、実質的には、要証事実が
　　認定できないという結論を出すのとほぼ同じ意味を持つことになりそうですね。

Ａ＆Ｂ：そうですね。

Ｊ：つまり、手元に１０００万円の現金を置いていたという被告の供述は、それ自体
　　が結論そのものとはいえないけれど、結論に準じる内容を含むものです。

　　そういう供述の信用性判断は、特に慎重でなければなりません。

　　それだけで勝負が決まってしまいかねないからです。

　　様々な間接事実を抽出し、その関連性を検討した上での総合判断の結果として、
　　この供述内容を信用できるとして認定することはもちろんあり得ますが、事実認定
　　の基礎となる間接事実とすることはできないということです。

　　判断の結果である結論ないしそれに準じる間接事実を、判断の出発点とするので
　　は、循環論法というか、実質的には、何の判断もしていないってことになりますか
　　ら。

　　＊「動かし難い事実」の抽出については、46頁以下参照。

Ｊ：被告の資力に関連して、他に挙げられる間接事実はないですか？

Ｂ：乙３号証によれば、

平成２２年１０月５日の時点で、被告は、同月２６日に、吉丘銀行から１０

　　　００万円を借り入れることを検討していた

事実が認められます。

Ｊ：乙３号証も、甲２号証の預金通帳などと同様、通常は信用できる文書といってい

　　いから、これによって、その事実を「動かし難い事実」として認定することはでき

　　ますね。

　　　＊　報告文書の類型による信用性の程度については27頁以下、成立の真正が認められ信用

　　　　性が高い書証から認定できる事実については46頁各参照。

Ｊ：では、Ａさん、この事実は、要証事実の認定において、どのような意味を持ちま

　　すか？

Ａ：１０月５日の時点で１０００万円の借入れを検討していたのだから、１０月２６

　　日の本件貸金契約で借り入れた金額も１０００万円じゃないか、つまり、２０００

　　万円の返還合意の認定においては、消極方向に働くんじゃないでしょうか。

　　　借り入れる必要のある金額が二、三週間のうちにころころ変わるとは思えないか

　　ら、この事実によって、本件貸金契約の貸付金額は１０００万円で決まりじゃない

　　ですか。

Ｊ：これで決まりかな？

Ｂ：確かに、借り入れる必要のある金額が変わったという事情は出てこないから、そ

　　の点はそのとおりだと思うんですけど・・・。

　　　合計２０００万円を借り入れる予定で、そのうちの１０００万円だけを吉丘銀行

　　から借り入れ、残りの１０００万円は他の銀行から借り入れることを検討していた

　　ところ、銀行からの借入れをやめてしまって、全部原告から借り入れることにした

　　ということだって、あり得ませんか。

Ａ：でも、銀行から借り入れるのであれば、１０００万円ずつなんて面倒臭いことせ

　　ずに、普通は、一つの銀行から２０００万円を借りるんじゃないですか。

Ｂ：二つの銀行から１０００万円ずつ借りることだって、ないとはいえないような気

がします。

　　例えば、メーンバンクは利率が高くて、他の銀行から借りた方が経済的には得なんだけど、これまでの付き合いや今後の関係などを考慮して、半分はメーンバンクから借り入れるということもあるかもしれませんよね。

Ａ：・・・なるほど。

　　そういうこともあり得るかもしれないですね。

　　経済社会の実態を知らないから、よく分からない部分もありますね。

Ｊ：この事実に関する議論は出尽くしたようですね。

　　Ａさんが言うように、事実認定というのは、法律の知識があればできるものではなくて、経済社会を始めとする様々な分野の知識や人間に対する洞察力が要求されます。

　　「法曹は一生勉強」 と言われる所以です。

　　それでは、「借入れの動機・必要性」に関する間接事実をまとめると、どういうことになりますか?

読者の皆さんも、これまで検討してきた「借入れの動機・必要性」に関する間接事実が、要証事実の認定にどのように働くかについて、整理して、まとめてみよう。

Ａ：被告は、平成２２年１０月当時、２０００万円を調達する必要があったのですが、同月５日の時点では、そのうち１０００万円を銀行から借り入れることを検討していたので、本件貸金契約締結の時点で、原告から２０００万円全額を借り入れる動機や必要があったとは考えにくいです。

Ｂ：もっとも、被告は、銀行からの借入れをやめて、２０００万円全額を原告から調達することとした可能性もあるので、２０００万円の返還合意の成立が完全に否定されるまでには至りません。

5 本件貸金契約締結時の行動

[視点の設定]

本件貸金契約は、その貸付金額が１０００万円であれ、２０００万円であれ、いずれにせよ多額の貸付けであることからすれば、貸主は借主に対して貸付金額に応じた担保を要求するなど、当事者双方は契約締結時に貸付金額に応じた行動をとるはずであるから、要証事実の存否を判断するに当たって、この点に関する事実を検討するのは有益である。

抽出した「動かし難い事実」を中心とする間接事実の中から、「本件貸金契約締結時の行動」に関するものを挙げて、要証事実との関連性を考えてみよう。

【担保の徴求】

Ｊ：これまで検討してきた事実は、時系列的にまとめれば、**本件貸金契約締結前の事情**ということができるけれど、ここでは、**本件貸金契約締結時の事情**について検討していきましょう。

「**本件貸金契約締結時の行動**」に関する間接事実の中に、要証事実の認定に役に立ちそうなものはありますか？

Ａ：本件貸金契約の担保として、被告が原告に高嶋銀行の定期預金通帳を預けたという事実があります。

Ｊ：この事実は、要証事実の認定において、どのような意味を持ちますか？

Ａ：担保を提供したというのですから、貸付けがあったことが推認できます。

Ｊ：貸付けがあったこと自体は当事者間に争いがないですよね？

Ａ：本件で実質的に対立しているのは、貸付金額が２０００万円だったかどうかという点だから、高嶋銀行の通帳を預けたという事実だけでは意味がなくて、その金額が幾らだったかを問題にしなければならないということなんですね。

Ｊ：その点は、証拠上、どうなっていますか？

Ｂ：原告の供述６項では２０００万円となっており、被告の供述４項では１０００万円となっています。

どちらも、自分が主張する貸付金額と一致する金額を述べていて、自分に有利な供述をしているにすぎず、他に裏付けもありませんから、直ちに採用することはできません。

　ですから、担保の金額は認定できないと思います。

Ｊ：一般に、金銭消費貸借契約に関する事実認定において、担保の有無・金額は見落としてはならない重要なポイントです。

　本件では担保の金額は認定できないけれど、今後同種の事案があったら見落とさないように注意してください。

【当事者作成の手帳の記載の証拠力】

Ｊ：本件貸金契約時の当事者の行動として、他に挙げられる事実はないですか？

Ａ：乙１号証の被告の手帳の記載が気になっているんですが。

Ｊ：具体的に説明してください。

Ａ：はい。

　　被告は、自分の手帳の平成２２年１０月２６日欄に、「￥２，０００万　モリソン」と記載した上、同月２１日から３１日までのページの末尾メモ部分に「※￥２，０００万　モリソンについて　その子さん￥１，０００万借　同額通帳渡　利息４０万受け渡し」と書き込んだ

事実（乙１）が認められます。

　この記載は、被告にとって有利な内容ではありますが、備忘のために作成する書面に嘘を書く意味はありませんから、信用できるんじゃないでしょうか。

Ｊ：行為当時に作成された文書の信用性は高いということですか？

Ａ：そうです。

　紛争発生前ですから、虚偽の記載をする動機もありません。

　　＊　報告文書の類型による信用性の程度については、27頁以下参照。

Ｂ：でも、これらの記載が行為当時にされたといえる根拠はあるんですか？

J：後から書き加えられた可能性があるということですか？

B：そうです。

　　被告が、紛争発生後に、自分に有利なように加筆した可能性があるのではないかと思います。

A：そんなことするのかな。

　　被告は普通の人で、普通の人はそんなことしないっていうのが経験則でしょう。

B：でも、もし乙１号証の記載が真実だとすると、貸付金額は１０００万円ということになるけれど、その場合は、逆に、原告が甲１号証を変造したということになるでしょう。

　　つまり、本件は、原告と被告のどちらかが、書証に虚偽の事実を記載した事案なんだから、被告だけはそんなことはしないという前提に立つのは、公平ではないように思います。

A：原告が普通の人じゃないっていう証拠もないから、どちらの可能性も否定できないということですね。

J：甲１号証と乙１号証のどちらかは、行為当時に完成したものではなく、後から書き加えられた可能性があるということですね。

　　それでは、「本件貸金契約締結時の行動」に関する間接事実をまとめると、どういうことになりますか？

読者の皆さんも、これまで検討してきた「本件貸金契約締結時の行動」に関する間接事実が、要証事実の認定にどのように働くかについて、整理して、まとめてみよう。

A：２０００万円の返還合意が成立したかどうかを判断するのに役立つ事実はなかったように思います。

B：同じ意見です。

6 1000万円弁済時の行動

［視点の設定］

　本件に特徴的な事実として1000万円弁済の事実が挙げられるが、弁済時の当事者の行動は、弁済によって債務が完済されるか、それとも債務が残存するかによって異なるはずであるから、要証事実の存否を判断するに当たって、この点に関する事実を検討するのは有益である。

　抽出した「動かし難い事実」を中心とする間接事実の中から、「1000万円弁済時の行動」に関するものを挙げて、要証事実との関連性を考えてみよう。

【契約締結後の事情】

Ｊ：次に、契約締結後の事情について、検討していきましょう。

　　本件では、どのような事情に着目すればよいでしょうか？

Ｂ：被告は、借入金は全額弁済した旨供述しているので（被告供述6項）、借主が全額弁済した場合にとる行動と本件における被告の行動を比較してみたらどうでしょうか。

Ｊ：では、その観点から事実を一つ一つ追っていきましょう。

　　本件における契約締結後の事情のうち、まずは押さえておかなければならない事実は何でしょうか？

Ｂ：　　平成23年4月25日に被告が原告に1000万円を弁済した事実です。

　　この事実は当事者間に争いがなく、これと異なる認定をすべき客観的証拠もないことから、「動かし難い事実」になると思います。

　　そして、原告は、2000万円を貸し付けたとして、残金1000万円の返還を求めているのに対し、被告は、1000万円しか借りておらず、上記1000万円の弁済は全部弁済に当たると主張していますから、この1000万円弁済の事実を全部弁済と評価できるかどうかがポイントになると思います。

Ｊ：なるほど、一歩一歩丁寧に考えられていますね。

「動かし難い事実」の抽出の仕方も間違っていません。

　もっとも、この事実は、これ自体では、本件の要証事実の認定において、積極方向・消極方向のいずれにも働かないですね。

【借主が貸主から返還を受けた借用書に返済文言を記入して貸主に再度交付した事実】

　J：それでは、「１０００万円弁済時の行動」の中に、この弁済が全部弁済であったか一部弁済であったかに関する間接事実はありませんか？

　A：僕は、１０００万円の弁済が一部弁済にすぎないことを推測させる決定的な事実があると思っています。それは、

　　　　被告が、平成２３年４月２５日に１０００万円を弁済した際、本件借用書に
　　　　「※　平成２３年４月２５日　￥一千万円　返済いたしました。」と記載した

事実です。

　この事実は、甲１号証や、原告と被告の供述が一致していること（原告供述５項、被告供述６項）、被告にとって不利な内容を被告自身が供述しており、それ自体の信用性も高いことから、認定できることが明らかであるといえます。

　また、原告と被告の供述が一致していること（原告供述５項、被告供述６項）から

　　　　被告は、本件借用書に上記記載をした後、本件借用書を原告に渡した

事実が認定できます。

　１０００万円の弁済が全部弁済だったのであれば、本件借用書を貸主である原告に戻す必要なんかありません。

　ましてや、返済文言を記載する必要はなく、何も記載せず、原告から渡された本件借用書を自分で破棄すれば足りるはずです。

　百歩譲って、返済文言を記載することがあり得るとしても、「返済いたしました。」とだけ記載すれば、それは全部弁済を意味するのですから、その前にあえて「一千万円」という金額を記入したという事実は、１０００万円の弁済が全部弁済ではないことを示していると考えます。

　そうすると、やっぱり、わざわざ１０００万円の返済文言を書き入れて本件借用書を原告に返した被告の行動は、１０００万円の弁済が全部弁済だとしたら説明で

きないものだと思います。

B：でも、Aさん。被告が「一千万円」という金額を記入したのは、全部弁済したという意味だったと考えることもできませんか。

　　また、被告は、

　　　　自分には何でも書き留める癖がある

と供述しています（被告供述6、12項）。

　　この供述内容をそのまま認定できるわけではないけれど、逆にこれを嘘だということもできないのではないですか。

　　本件借用書を原告に戻したことについても、被告は、

　　　　本件借用書を破いて捨てておくよう、家事代行者である原告に依頼した

と供述しており（被告供述6項）、この供述も、当時の両者の関係を前提にすると、あながち不合理ともいえないんじゃないかな。

A：いやいや、被告に「何でも書き留める癖」があったことを嘘だということはできないかもしれないけど、捨てておいてと頼む書類に書き留めることなんて普通はしないでしょう。

　　そもそも、返済文言を書いたことと、借用書を戻したことを、Bさんみたいに、バラバラに検討すること自体ナンセンスだと思うよ。

　　その二つの事実を切り離して考えるのではなく、一連の事実として考えた場合、被告の行動は、全部弁済だとすると、とても説明できる代物ではないよ。

B：被告としては、仮に原告が本件借用書を捨てないで悪用しようと企んでも、そのような文言を書き入れて渡せば悪用できないと考えて、家事代行者である原告にその処分を委ねてしまったということだって考えられるんじゃないかな。

　　この場合には、被告の行動の軽率さは否めないとしても、被告の行動についてかなり合理的に説明できるように思えるけど。

　　それに、そもそも癖というのは、無意識に出るもので、合理的な説明ができないことはよくあるんじゃないかな。

J：二人ともポイントを押さえた良い議論を展開できました。

【担保の返還】

J：今度は、逆に、１０００万円の弁済が全部弁済であると推認させる事実、すなわち、２０００万円の返還合意の認定において、消極方向に働く事実としてどのようなものがあるか、考えてみましょう。

B：消極方向の事実として、

> 原告が、被告に対し、被告から１０００万円の弁済を受けた際、担保として預かっていた高嶋銀行の定期預金の通帳を返還した

事実（原告供述6項、被告供述6項）が極めて重要だと考えます。

前にも出たとおり、高嶋銀行の定期預金の金額については、原被告の供述が食い違っているため、認定できませんが、原告が被告にこの預金通帳を返還したという限度では、原被告の供述が一致しており、供述の信用性が相互に高められていると考えられますので、認定できます。

預金額が幾らであっても、残債務があるならば担保を返還することは通常は考えられないですから、原告が担保として預かった通帳を被告に返還した事実は、１０００万円の弁済が全部弁済であったことを強く推認させる事実といえます。

J：そうですね、よく考えられています。

前にも議論したように、預金額についてまで認定できれば、貸付金額もそれに見合ったものであったことをある程度は推測することが可能であるといえます。

ただし、貸付金額よりも少額の担保を取ることもままあるし、逆に、清算することを前提にすれば、貸付金額よりも高額の担保を取ることだってあり得なくはないので、担保の金額が、貸付金額の認定に決定的な意味を持つとまではいえません。

【反証提出責任】

A：原告が被告に通帳を返還した事実が、消極方向に働くことは分かります。

でも、被告は、原告から返還を受けた通帳を書証として提出していないばかりか、当時の預金額を銀行に照会したが分からなかったとして（被告供述4項）、預金額についての裏付け証拠を一切提出していません。

当時の自分の預金額についての証拠ぐらい簡単に出せると思うのに、被告がそれ

を出さない事実を、特に問題にしなくてよいのでしょうか。

　被告は、証拠隠しをしているとの評価を受けても仕方がないように思います。

　この事実を弁論の全趣旨により認定し、被告に不利益に考慮してはいけないのでしょうか。

Ｊ：目の付けどころはいいですね。

　確かに、実務的には、当然提出されるべき証拠が提出されない場合、そのことが反証に関わるものであっても、弁論の全趣旨により認定された上で一定の評価がされることがあります。

　これは、証明責任を負わない当事者であっても、争点については真剣に反証するのが通常であるという訴訟活動上の経験則に基づくものです。

　けれど、弁論の全趣旨のみによる認定は、証拠に基づかない認定だから、安易に用いるのは避けた方がよいでしょうね。

　特に、本件では、被告は、今回の訴訟に当たって、当時の銀行預金残高を高嶋銀行に照会したけれど、他の銀行と合併したこともあって分からなかったと供述しており（被告供述４項）、これが嘘だともいえないから、反証が困難ではないともいえません。

　だから、本件で、被告が当時の預金額についての証拠を提出しないことを弁論の全趣旨により認定し、これを被告に不利益に評価するのは行き過ぎだと思います。

【担保の差替え】

Ａ：なるほど。

　被告が証拠隠しをしたとはいえないということですね。

　ところで、Ｂさんが指摘した、原告が担保として預かっていた高嶋銀行の定期預金の通帳を被告に返還した事実が認定できることはそのとおりだと思うけど、他方で、

　　　原告が、平成２３年３月２９日に作成された「電話取引サービスによる定期
　　　預金書替のご連絡」と題する書面を所持していた

事実があります。この事実は、「動かし難い事実」そのものではないですが、甲３号

証が原告によって提出されていることを踏まえると、弁論の全趣旨によって認定できますよね。

　この書面は、その当時、被告が１０００万円の定期預金をしたという内容の、銀行から被告に宛てられた書面だけど、原告は、この書面について、

　　　　担保の通帳を返却する代わりに預かった

と供述しています（原告供述６項）。

　これが事実であれば、通帳返還の事実による消極方向の推認は打ち消されることになるんじゃないでしょうか。

Ｊ：なかなか鋭い指摘ですね。

Ｂ：原告がそのように供述しているのはそのとおりだけど、その事実は「動かし難い事実」ではないし、原告の供述をそのまま信用して、

　　　　平成２３年４月２５日、被告が、原告から高嶋銀行の通帳を返してもらった際、１０００万円の定期預金についての「電話取引サービスによる定期預金書替のご連絡」と題する書面を渡した

事実を認定するのは適当ではないと思います。

　というのも、被告は、このことを記憶していないと相反する供述をしているのに（被告供述７項）、原告の供述の方が信用できると判断するだけの証拠等がないからです。

　それに、甲３号証の書面は、ただの「ご連絡」ですよね。

　このような書面が、貸金残金１０００万円の担保として意味を持たないことは明らかでしょう。

　だから、この書面を代わりの担保として受け取ったという原告の供述自体が不合理だと思います。

Ａ：そうかな。

　そもそも定期預金の通帳を担保としたことだって、同じようなことがいえるんじゃないでしょうか。

Ｂ：確かに、通帳を預かったからといって、そのまま預金を下ろせるわけではないけれど、少なくとも、預けた被告はとても預金を下ろしにくくなると思います。

その意味で、通帳を預けることによって預金を担保にすることができると考える
ことはあり得ますが、「ご連絡」のような書類を幾ら預かったからといって、被告は
いつでも自由に預金を下ろせますよね。

　そうだとすると、「ご連絡」を預かっても預金を担保にしたことには全くならない
と思います。

Ｊ：確かに、この点については、Ｂさんの指摘もとても鋭いです。

　けれど、原告の供述の信用性を検討する場合に、供述の内容という観点からのみ
検討するのではなく、別の観点からも検討してみたらどうでしょう。

「複眼的思考を忘れない。」

　事実認定では、自説にとらわれることなく、それと反対の立場からも考えてみる
姿勢を持つことが大切です。

　自説からすれば「もっともな証言」や「疑わしい書証」であっても、反対の立場に
立ってみると、必ずしもそのようにはいえないことも多いものです。「もっともらし
いことでも疑ってみる。」、「疑わしいことでも信じてみる。」という姿勢をあえてと
り、事件の全体像を見つめ直すのです。

　そして、最終的に要証事実を認定する場面でも、その認定が不利益なものとなる
側の当事者の納得を得られるものであるかどうか、偏見や先入観にとらわれずに改
めて考え抜く姿勢を持ってほしいものです。反対当事者の納得が得られること（得ら
れそうなこと）が、その事実認定の当否のバロメーターということができます。

　反対当事者の納得を得られそうにないと考えられる場合には、結論に問題がある
か、事案の検討が不十分な場合が多いので、再度慎重に検討すべきです。

Ｂ：どのような経緯で原告が「ご連絡」を入手したのかということでしょうか。

　それについては、私はこう思います。

　原告は被告宅の家事代行者をしていました。

しかも、

　　　原告は、平成２６年４月７日、被告から頼まれて、被告の定期預金１５００
　　万円の払戻手続(乙2)を代行した

との事実が認められます。この事実については原告が供述していますが (原告供述9、
10項)、乙２号証に裏付けられており、信用できると考えます。この事実から、原告
が被告の財産管理にも関与していたことが明らかです。

　ですから、原告が甲３号証のような書面を被告に無断で入手することは簡単なこ
とだったんじゃないでしょうか。

　被告は甲３号証を渡した記憶はないと供述していて (被告供述7項)、いずれの供述
に信用性があるかはすぐには判断できないとしても、無断で入手した可能性自体は
拭えないように思います。

　　　＊　裏付けがある供述内容については、48頁参照。

Ｊ：甲３号証に関するＢさんの見解をまとめると、
　①　甲３号証が単なる「ご連絡」にすぎないことを考えると、これを残金１０００
　　万円の担保の代わりに受け取ったとする原告供述は不合理である、
　②　原告が被告宅の家事代行者をしていたのであれば、甲３号証を原告が被告に無
　　断で入手することは可能であるから、原告供述の信用性は低い
　というものですね。

　　確かに、①の指摘は、甲３号証の文面を精査すればするほど、もっともなように
　思えるけれど、②の指摘はどうでしょうか?

Ａ：確かに、原告が「ご連絡」を入手可能だったことは否定できないけど、甲３号証
　の作成日は、平成２３年３月２９日となっています。

　　この日付は、被告が１０００万円を弁済した平成２３年４月２５日に近接してい
　て、原告の供述に整合的ですよね。

　　これに対して、被告が言うように、原告が被告から１０００万円をだまし取ろう
　と考えたとしたら、原告が甲３号証を入手した時期は、そのだまし取ろうと考えた

時以降ということになるはずです。

　　そして、だまし取ろうと考えたのは、早くとも、退職金を支払ってもらえなくなったとき、つまり、被告宅の家事代行者を辞めた平成３１年４月以降（争いなし）と考えるのが筋じゃないでしょうか。

　　そうだとすると、原告は、甲３号証を被告に無断で入手する動機が発生した時期には、既に家事代行者を辞めていたということになる、つまり、甲３号証を被告に無断で入手することについて、原告にそのアクセス可能性と動機が同時に存在した時期がないんだから、そんなこと実際にはあり得ないんですよ。

Ｂ：でも、今の証拠だけでは、原告が被告からお金をだまし取ろうと思った時期が、家事代行者を辞めた時期より後だったと確定的に認定できるわけではないんじゃないでしょうか。

　　それに、家事代行者だった原告が、被告から廃棄を頼まれていた書類をその都度廃棄せずに以前から溜め込んでおり、その中に甲３号証のような書類があったという可能性だって否定しきれない気もします。

Ｊ：そこまで、そこまで。

　　Ａさんの推論は、シャーロック・ホームズ並みですね。

　　Ｂさんも、具体的によく考え、堂々とした議論を展開していて感心しました。

　　こうしてみると、甲３号証というのはとても重要な証拠かもしれないと思いませんか？

　　甲３号証をどう評価するかで結論が左右される可能性があるかもしれませんから、ここはそれぞれでじっくりと考えてみてはどうでしょうか。

Ａ＆Ｂ：（大きくうなずく。）

Ｊ：その上で、「１０００万円弁済時の言動」に関する間接事実をまとめると、どういうことになりますか？

読者の皆さんも、これまで検討してきた「１０００万円弁済時の言動」に関する間接事実が、要証事実の認定にどのように働くかについて、整理して、まとめてみよう。

Ａ：被告が、平成２３年４月２５日に１０００万円を弁済した際、本件借用書にあえて「¥一千万円　返済いたしました。」と記載した上で、本件借用書を貸主である原告に渡したことからすると、１０００万円の弁済が全額弁済ではなかった可能性が高いです。

Ｂ：もっとも、被告は、本件借用書に返済額が全額である趣旨で返済額を記載し、家事代行者である原告にその廃棄を依頼した可能性があるし、原告が、弁済の際、被告に対し、担保として預かっていた預金通帳を返還したということは、１０００万円が全額弁済であったからだと考えるのが合理的です。原告が、被告から、預金通帳の代わりに担保として受け取ったという「ご連絡」（甲３号証）は、その体裁からして担保となるようなものとはいえません。そうすると、被告が原告から２０００万円を借りていたとは考えにくいということになります。

Ａ：今のところ、原告が被告から「ご連絡」を担保として受け取ったというのが自然だと考えるので、そのまとめには異論があります。

「事件の流れと事件のスジ」

　民事訴訟の実務において、「事件の流れ」や「事件のスジ(落ち着き、スワリということもある。)」という言葉が使われることがあります。

　正確な定義があるわけではありませんが、「事件の流れ」とは、一定の関連性を持った「動かし難い事実」を中心とする間接事実群から推認される事件の大きな方向性のことをいい、「事件のスジ」とは、総合的に考えた場合に事件の結論がどのようになるのが正義公平にかなうかといった観点から用いられているようです。

　事実認定の過程は、事案の中から「動かし難い事実」を中心とする間接事実を抽出し、それを評価して積み上げていく作業ですが、間接事実を「点」として把握するのみだと、全体的・総合的考察に欠け、「細かく積み上げ大きく誤る」の弊に陥りかねません。

　これを防止するためには、事案から抽出した間接事実を事実群として把握し、そこから推認される事件の方向性について、バランス感覚や実質的考量に照らし合わせて、検証を行うことが必要です。

　このように、事実認定を行う上では、「事件の流れ」という観点を基礎に据えるべきであって、直感を過度に重視し、証拠に基づかない認定をすることは厳に慎まなければなりません。

　しかし、それと同時に、「事件のスジ」という観点についても意識し、これをも踏まえた検討をすること、すなわち、論理と直感の双方を働かせることによって、適切妥当な解決に至るよう努めるべきです。

　ただし、初心者のうちは、証拠による正確な事実認定を第一と考え、「事件の流れ」や「事件のスジ」に過度に頼らないように自戒することが大切です。

7　1000万円弁済後の事情

［視点の設定］

「1000万円弁済時の行動」と同様、弁済によって債務が完済されたか、それとも債務が残存していたかによって、弁済後の当事者の行動は異なるはずであるから、要証事実の存否を判断するに当たって、この点に関する事実を検討するのは有益である。

抽出した「動かし難い事実」を中心とする間接事実の中から、「1000万円弁済後の事情」に関するものを挙げて、要証事実との関連性を考えてみよう。

【弁済期後の請求の不存在等】

J：これまでは、1000万円弁済時の当事者の行動について検討してきましたが、ここでは、本件貸金契約締結後の事情のうち、「1000万円弁済後の事情」について検討していきましょう。

この点に関して、検討すべき間接事実はありますか?

B：　　原告は、本件貸金の弁済期である平成23年10月25日が経過した後も、令和2年7月まで、一度も被告に1000万円の返済を請求しなかった

という事実が挙げられます。

この事実は、原告自身が供述していますが(原告供述11項)、原告があえて自己に不利益な嘘をつく理由が見当たらず、その信用性は高いといえることから、認定できます。

本件貸金の貸付金額が2000万円であり、うち1000万円が未返済のままであったとすれば、その金額の大きさからして、10年近くも全く返済を請求せずに放置するとは考えられません。

そうすると、この事実から、平成23年の1000万円の弁済によって、本件貸金は完済されたと推認するのが自然だと思います。

裁判例を調べたところ、原告が弁済期から2年余を経過した時まで貸金の請求をしなかった事実を、金銭授受を否定する間接事実として考慮したものがありました。

Ｊ：裁判例の調査までしているとは、Ｂさん、やりますね。

Ａ：でも、それは一面的な見方でしょう。

　　だって、弁済期の平成２３年１０月頃の原告が置かれた状況について、原告は、

　　　　実母が入院したり娘が出産したりして、その看病や身の回りの世話や家事代
　　　行者の仕事で忙しかった

　　と供述しているし（原告供述7、14項）、また、経済状況についても、

　　　　被告宅で家事代行者として働いているうちは給料があったし、離婚した夫か
　　　ら慰謝料や財産分与として６０００万円ほど受け取っていたため、お金のこと
　　　は気にしていなかった

　　と供述しているから（原告供述7項）、長年にわたり貸金残金の支払を請求しなかった
　　からといって、あながち不合理とまではいえないんじゃないですか。

Ｂ：でも、原告の供述には何の裏付けもありません。

　　それに、仮に原告の主張するような事情や理由があったとしても、１０年近くも
　　１０００万円もの貸金残金の返済を請求しないことの合理的理由とはいえないと思
　　います。

　　だから、原告の供述によって、原告が長年請求をしなかった事実の消極的な意味
　　を打ち消すことはほとんどできないんじゃないでしょうか。

　　しかも、本件では、先ほど検討したとおり、

　　　　原告は、平成２６年４月７日、被告から頼まれて、被告の定期預金１５００
　　　万円の払戻手続を代行した（が、被告に１０００万円の返済を請求しなかった）

　　という事実も認定できます（前段は乙2・原告供述9、10項）。

　　原告が主張するとおり、もし１０００万円の貸金が残っていたのであれば、１５
　　００万円の払戻手続を代行したときに、貸金の存在を思い出して被告にその返済を
　　求めるのが自然だと思います。

　　それにもかかわらず、このような請求をしていないということは、残債務がなか
　　ったとしか考えられないように思います。

Ｊ：二人とも、一つ一つの間接事実をポイントを押さえて抽出できましたね。

　　また、それぞれの間接事実について、これが不利益に働く側の当事者の言い分（弁

解）も丁寧に拾えて、それぞれ理由があるかどうかをよく検討できました。

　それでは、「１０００万円弁済後の事情」に関する間接事実をまとめると、どういうことになりますか？

**　読者の皆さんも、これまで検討してきた「１０００万円弁済後の事情」に関する間接事実が、要証事実の認定にどのように働くかについて、整理して、まとめてみよう。**

　Ｂ：原告は、本件貸金の弁済期である平成２３年１０月２５日が経過した後、平成
　　　２６年４月７日、被告の依頼で被告の定期預金１５００万円の払戻手続を代行し
　　　たことがあったのに、その際に本件貸金の返済を求めなかったばかりか、令和２年
　　　７月まで、９年弱にわたって一度も被告に１０００万円の返済を請求しなかった
　　　ので、１０００万円が未返済のままであったとは考えにくいです。
　Ａ：ただし、原告が長年貸金の返還を請求できなかった事情がある可能性は否定で
　　　きません。

8 総合判断

　ここまでのところで、事例に表れた多数の事実の中から「動かし難い事実」を中心とする間接事実を抽出して、一定の視点の下で、これらを分類・整理した上で要証事実との関連性を検討してきた。

　事実認定の最終段階では、これまで検討してきた事実のうち、特に重要な間接事実（積極方向又は消極方向に特に強く働く事実）を再度取り上げた上、その相互関係や要証事実を推認させる程度を総合的に評価し判断して、結論を導くのが一般的である。

　この総合判断は、事実認定作業の集大成であり、その結論が当事者に対する説得力を有するか否かを左右する最も重要な部分であるといってよい。

　これまでの検討を踏まえ、特に重要な間接事実を再度取り上げながら、要証事実の存否について、総合判断を行ってみよう。

　　Ｊ：いよいよ本件の事実認定も最終段階です。

　　　　これまで、「動かし難い事実」を中心とする間接事実を分類・整理した上で要証事実との関連性を検討してきたけれど、その中で、要証事実の認定において、特に重要な間接事実を挙げてみてください。

　　Ａ：特に重要な間接事実としては、次の各事実が挙げられます。（ホワイトボードに記載する。）

特に重要な間接事実

① 原告が本件貸金契約の当日に２０００万円の定期預金を解約し払戻しを受けた事実

② 被告が１０００万円の弁済をした際、原告から受け取った本件借用書に返済文言を書き入れて再度原告に渡した事実

③ 原告が甲３号証を所持している事実

Ｂ：私は、次の各事実が特に重要だと思います。（ホワイトボードに記載する。）

特に重要な間接事実

① 本件借用書は、手書きで作成され、借用金額には、「弐」ではなく「二」という
通常の漢数字が用いられ、現在まで原告が保管している事実

② １０００万円の弁済の際、原告が担保として預かっていた預金通帳を被告に返
還した事実

③ 原告は、１０年近くも１０００万円もの貸金の返済を請求しなかった事実

Ｊ：総合判断においては、特に重要な事実の相互関係や要証事実を推認させる程度
を、経験則を用いながら総合的に評価し判断して、結論を導くことになります。

そこで、その際の注意点を挙げておきます。

前にも話したとおり、当事者双方が主張する「ストーリー」と間接事実との整合
性を検討し、その程度を判断することになるわけだけど、その際、まず、これら間
接事実の一つ一つについて、反対の評価ができるかどうかをよく考える必要があり
ます。

また、間接事実の評価を事実ごとにばらばらに行ってしまっては、要証事実（反対
の事実も）は浮かび上がってこないので、各事実の重要性の程度に自ずから差がある
ことを踏まえつつ、**事実や証拠の全体としての大きな流れや方向性を把握するよう**
に努める必要があるでしょうね。

同時に、その**事実や証拠の全体を俯瞰しつつも、細部も疎かにしない姿勢を持つ**
ことも大切です（いわば、「木も見て森も見る」、「木と森の間を行きつ戻りつする」姿勢）。

さらに、**全ての間接事実を説明し得る別の仮説が成立する可能性がないかを虚心**
坦懐に検討することも、忘れてはいけないポイントです。

そして、**自分の見解が間接事実と矛盾したり、間接事実を説明できなかったりす**
る場合や、反対の見解がその根拠とするポイントについて、ある程度合理的な説明

を付けて排斥できない場合には、自分の見解を変えることも考えておく必要があるでしょうね。

　いよいよ、本件の主要な争点である原告と被告との間の２０００万円の返還合意の有無について、総合判断をして、結論を出すときがきました。

　それでは、Ａさん、Ｂさん、本件の結論はどういうことになりますか？本件の立証責任の所在や判断の枠組みを踏まえて説明してください。

　読者の皆さんも、上記の点に留意しながら、要証事実の認定ができるかどうかについて、総合判断をして、結論を出してください。

「三上・三多」

　11 世紀中国の詩人である欧陽脩は、すぐれた考えがよく浮かぶ場所として、馬上、枕上（ちんじょう。布団の中）、厠上（しじょう。トイレの中）を挙げ、これらを「三上（さんじょう）」と呼んだそうです。

　目の前の仕事から少し離れることによって、気分が変わりますし、手元に資料等がないため、自ずと、大局的な見地からの思考を促され、物事を俯瞰することができるようになるので、頭が整理され、妙案が浮かぶことが多いということなのでしょう。

　散歩中や入浴中にいいアイディアが浮かぶという人もいますね。

　欧陽脩は、また、文章上達の秘訣として、看多（かんた。多くの本を読むこと）、做多（さた。多く文を作ること）、商量多（しょうりょうた。多く工夫し、推敲すること）を挙げ、これらを「三多（さんた）」と呼んだそうです。

　これも、資料（証拠）を精読するなどしてたくさんの情報を収集し、これに基づく判断を文章化し、それを分かりやすく整理し推敲するということですから、法律的な文章の作成にもまさに当てはまるといえるでしょう。

事例

【原告中その子の主張】

第1 請求の趣旨

1 被告は、原告に対し、１０００万円及びこれに対する平成２３年１０月２６日から支払済みまで年５分の割合による金員を支払え

2 訴訟費用は被告の負担とする

との判決並びに仮執行の宣言を求める。

第2 請求の原因

1 原告は、平成２２年１０月２６日、被告に対し、弁済期平成２３年１０月２５日、利息４０万円の約定で２０００万円を貸し付け（以下では、原被告間の貸金契約を「本件貸金契約」、同契約に係る貸金を「本件貸金」という。）、被告から、利息４０万円を受け取った。その際、原告と被告は、本件貸金契約の借用書（甲１。以下「本件借用書」という。）を作成した。

2 被告は、平成２３年４月２５日、原告に対し、１０００万円を弁済したが、残金１０００万円は、弁済期である同年１０月２５日を経過しても、弁済しなかった。

3 原告は、令和２年７月、被告に対し、残金１０００万円の支払を求めたが、被告は、これに応じようとしない。

4 よって、原告は、被告に対し、本件貸金契約に基づき、本件貸金の残金１０００万円及びこれに対する弁済期の翌日である平成２３年１０月２６日から支払済みまで民法（平成２９年法律第４４号による改正前のもの）所定の年５分の割合による遅延損害金の支払を求める。

第3 関連事実

1 被告は、平成１０年４月、洋菓子の製造・販売を目的とする株式会社モリソンを設立したところ、同社の経営が忙しくなり、幼い息子の世話や家事に手が回らなくなった。そのため、近所に住んでいた原告が、被告から頼まれ、平成１１年４月から被告宅の家事代行者となり、平成３１年４月２６日まで被告宅で働いた。

2 原告は、本件貸金契約の成立に先立ち、離婚に伴う財産分与等として、元夫から約６０００万円を受け取っており、平成２２年１０月当時、相当程度の財産を保有していた。

【被告桃里しおりの主張】

第1　請求の趣旨に対する答弁

1　原告の請求を棄却する

2　訴訟費用は原告の負担とする

との判決を求める。

第2　請求の原因に対する認否

1　請求原因1の事実のうち、原告が、平成22年10月26日、被告に対し、利息40万円の約定で金銭を貸し付けたこと、被告から利息40万円を受け取ったこと、本件借用書の被告の署名を被告が自署したことは認めるが、その余は否認する。

　　本件借用書に記載された借用金額「¥二千万円也」は、元々の「¥一千万円也」の「一」の字の上か下に、原告がもう一本「一」を書き足したとしか考えられず、この部分は、原告が変造したものである。

2　請求原因2の事実は認めるが、1000万円の弁済は貸金全額の返済である。

3　請求原因3の事実は認めるが、1000万円の残債務があるとの主張は争う。

第3　関連事実に対する認否

　　認める。

第4　被告の主張

1　被告が原告から借り入れた金額は、1000万円であり、2000万円ではない。

2　被告は、原告から1000万円を借り入れた際、借入金額を「¥一千万円也」と記載した本件借用書を作成して原告に交付し、併せて、担保として株式会社高嶋銀行（以下「高嶋銀行」という。）の残高が1000万円の定期預金通帳を原告に交付した。

3　被告は、平成23年4月、原告から、「原告の長女がマンションを買うことになったので、貸した1000万円を返してもらえないか。」との申出を受け、同月25日、原告に1000万円全額を弁済した。被告は、その際、原告から、前記の定期預金通帳の返還を受け、また、原告から渡された本件借用書に「※　平成23年4月25日　¥一千万円　返済いたしました。」と書き加え、「この借用書は破いて捨てておいてください。」と依頼して、原告に本件借用書を返した。

No. ＿＿＿＿＿＿＿＿＿＿

Date ＿・＿・＿

借　用　書

平成22年10月26日 ¥二千万円也 借用 いたします
　　　一年間 40万 利息分 先渡し

　　南区 広沢町 1 - 3 - 1 - 707
　　　桃里 しおり

　　上記のとおり貸しました　中村区大野町3-1-4-301
　　　中 その子

※ 平成23年4月25日 ¥一千万円 返済 いたしました。

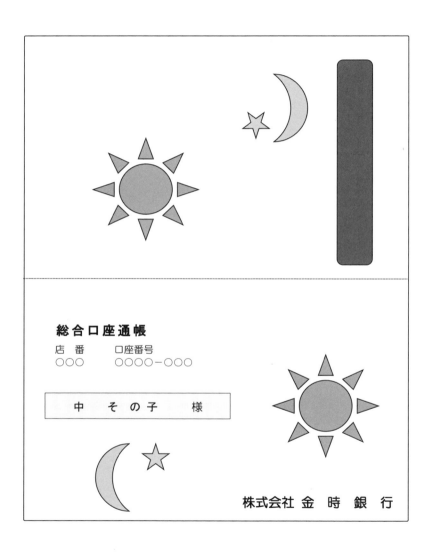

（注）ゴシック部分はゴム印である。

2 定期預金担保明細

自由定期3ヵ月(92日)　22　7　26　　　　　利息受取

期　間		済 期　日	型　区　分	利率	税区分
年　月　日	取扱番号	お　預　り　金　額			残　高

	年月日	取扱番号	年　月　日	残高
1	22. 7. 26	3	お支払　　　　△3,000,000 円	
2	22. 7. 26	5	年　月　日　★20,000,000円	（記載省略）
3	22.10. 26	6	お支払　年月日　△20,000,000 円	
4			年　月　日　　　円	円
5			年　月　日　　　円	円
6			年　月　日　　　円	円
7			年　月　日　　　円	円
8			年　月　日　　　円	円

この定期預金は自動継続扱いです
　○満期日(期日指定定期預金の場合は最長お預かり期限)になりましたら、特にお申出のない限り自動的に継続いたします。継続された定期預金も同様にお取り扱いいたします。
　○通帳に記載されていないお取引がある場合がございますので、現在残高につきましては、通帳記帳をした上でご確認ください。

この口座は自動融資つきです
　○お利息は、普通預金の決算月(2月・8月)にこの普通預金から、自動的にお支払いいただきます。

電話取引サービスによる定期預金書替のご連絡

いつも金時銀行をご利用いただき誠にありがとうございます。
早速ですが先日お電話にて承りました定期預金の書替内容をご連絡
申し上げます。
お利息の計算内容は下記のとおりですのでご確認ください。
また、お早めに最寄りの支店窓口またはＡＴＭ（自動預入支払機）で
通帳を記帳されますようお願い申しあげます。
※通帳種類によりＡＴＭをご利用できない場合がございますので営業
　時間中に窓口にお越しください。

●お知らせ

お客様の通帳をＡＴＭ（自動預入
支払機）で記帳される場合は、平
日１８：００以降および土曜日・
日曜日のお取り扱いはできません
のでご注意ください。
※一部の支店等ではご利用時間の
異なる場合があります。

〒○○○－○○○○
名古屋市南区広沢町１－３－１－７０７

　　　　　　　　桃里　しおり　様

●本状作成日　２０１１年３月２９日

株式会社　金時銀行

南支店

Tm.　○○○－○○○－○○○○

●預金の種類・番号

シングル ○○○○○○○－○○○○

●書替日

2011年 3月 29日

●書替前の定期預金の内容

	定 期 預 金	中間利息定期預金
種　　　　類	自由金利定期	
お預り金額	10,000,000円	
お 預 り 日	2010年3月29日	
満　　　期　　　日	2011年3月29日	
税　区　分	分離課税	
お 利 息 額		
期間中 利率		
利息		
期日後 利率		
利息	（記載省略）	
税　金　額		
うち国税額		
うち地方税額		
税引後お利息額		
支 払 調 書		

●書替後定期預金の内容

種　　　　類	自由金利定期
お 預 り 金 額	10,000,000円
お 預 り 日	2011年3月29日
満　　　期　　　日	2012年9月20日
期　　　　間	551日
税　区　分	分離課税
利　　　　率	0.800%
満期時取扱方法	非継続
利息取扱方法	
定額受取金額	

●書替前の定期預金の内容

お利息のお取扱い	
入金口座の種類・番号	（記載省略）
入金口座へのご入金額	

（注）斜体部分は手書きである。

陳　述　書

令和3年8月16日

名古屋市中村区大野町3丁目1番4号　301号室

中　その子　㊞

1　私は、平成11年4月から平成31年4月までの20年間、被告宅で家事代行者として働いていました。

2　私は、平成22年10月26日、被告に2000万円を平成23年10月25日に返してもらう約束で貸し付けるとともに、利息分40万円を被告から受領しました。貸し付けた2000万円のうち1000万円については、弁済期前の平成23年4月25日に被告宅で返してもらいましたが、残り1000万円はまだ返してもらっていません。

3　被告は、甲第1号証の本件借用書に自ら「平成22年10月26日　￥二千万円也　借用いたします　一年間　40万　利息分　先渡し　南区広沢町1-3-1-707　桃里しおり」と記載し、私に本件借用書を交付したものです。

4　本件貸金の弁済期の平成23年10月頃は、私の母が入院したり、私の二女が出産したりして、その看病や身の回りの世話と家事代行者の仕事とで大変忙しくしていましたので、被告に請求することは後回しにしていました。被告宅で働いているうちはその給料もありましたし、離婚した夫からもらった慰謝料や財産分与が6000万円ほどありましたので、お金のことはあまり気にしていませんでした。

5　被告は、私が請求するのを忘れていたことをいいことに、これまで返済を逃れてきています。私が被告に貸し付けたのは2000万円に間違いありませんので、裁判所には適切なご判断をお願いいたします。

以　上

（注）斜体部分は手書きである。

10	October 2010		
21 木		21	*電話再診*
22 金		22	*旅行社にチケット* *取りに行く*
23 土		23	
24 日		24	*7時　知子* *レストラン　グリース*
25 月		25	*父　ハライホテル*
26 火		26	*サイトウ病院　午前　婦人科* *内科* *¥2,000万　モリソン*
27 水		27	
28 木		28	*セキネ耳鼻科　3時*
29 金	*美容室　4時*	29	
30 土	*同窓会 19:00 ホテル ド・チャラーチ*	30	*14:00　中又店* *12:45* *名駅　知子*
31 日	*デパート　物産品展*	31	*月末入金*

※　¥2,000万　モリソンについて
その子さん¥1,000万借
同額通帳渡
利息40万受け渡し

乙第2号証

（注）斜体部分は手書きである。

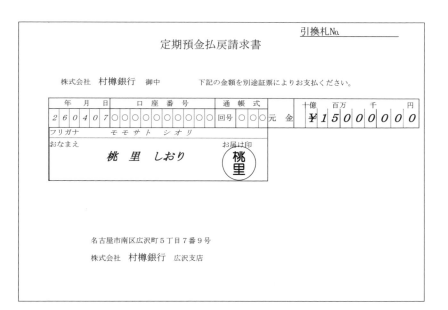

定期預金払戻請求書　　　　　引換札№.

株式会社　村樽銀行　御中　　　下記の金額を別途証票によりお支払ください。

年　月　日	口座番号	通帳式	十億	百万	千	円
2 6 0 4 0 7	○○○○○○○○○○	回号 ○○○ 元金	¥ 1 5 0 0 0 0 0 0			

フリガナ　　　　モモサト　シオリ

おなまえ　　桃里　しおり　　　お届け印　桃里

名古屋市南区広沢町5丁目7番9号

株式会社　村樽銀行　広沢支店

ご 返 済 プ ラ ン

顧客番号			発行年月日
○○○-○○○○○○○	桃 里 しおり 様		22-10- 5

一括払　　　　　　　　　　　　　　　　　　　稟議番号
　　　　　　　　　　　　　　　　　　　　　　○○○○○

証貸番号	貸付日	元利金返済日	利率	返済総額（円）	返済用口座番号
○○○○	22-10-26	23-10-25	9.00 %	10,900,000	○○○○○○○○

	貸付金額	返済開始日	返済回数	初回返済額	最終回返済額
一括払	10,000,000	23-10-25	1	———	10,900,000
ボーナス払					

回数	返済年月日	ご返済額（円）	うち利息額(円)	残 高(円)	備　考

株式会社　吉丘銀行名古屋支店

乙第4号証
（注）斜体部分は手書きである。

陳　述　書

令和3年8月19日

名古屋市南区広沢町1－3－1－707

桃　里　しおり　㊞

1　私は、平成9年に洋菓子店を開店し、平成10年には洋菓子の製造・販売を行う株式会社モリソンを設立して、その代表取締役をしています。

2　モリソンは、事業拡大を図るため最新鋭の設備を導入することにしたのですが、その導入に必要な3500万円のうち1500万円はモリソンが留保する利益の一部を充て、残り2000万円については、私が個人的に調達してモリソンに貸し付けることにしました。

3　私の手元には現金は1000万円ほどしかなかったので、離婚の慰謝料などで数千万円の現金を持っていた原告に、1000万円の借入れを申し込みました。原告が了承したので、平成22年10月26日に弁済期平成23年10月25日、利息40万円として、原告から1000万円を借りました。その際、私は本件借用書に「一千万円」と書いたので、誰かが「一」にもう一本「一」を書き足して、借用金額を「二千万円」にしたのです。このことは、私の手帳（乙1）を見れば明らかです。

4　原告から借りた1000万円については、平成23年4月25日に私の自宅で全額返済しました。その際、私は、原告から本件借用書を受け取り、「※　平成23年4月25日　￥一千万円　返済いたしました。」と書き込み、「破いて捨てておくように」と言って原告に本件借用書を渡しました。当時、私の家の家事代行者だった原告には、不要な書類の処分を任せており、本件借用書も不要であったので、その処分を原告に頼んだのです。原告は「承知しました。」と言って受け取ったので、てっきり処分したものだと思っていました。

以　上

【原告中その子の尋問結果】

（主尋問）

1 　私は、平成１１年４月から平成３１年４月までの２０年間、被告宅で家事代行者として働いていました。

2 　平成２２年１０月頃、被告は、私に対し、「被告が経営する会社のケーキ製造工場に新しい設備を導入する資金として３５００万円が必要となった。そのうち１５００万円は会社の資金で賄うが、残り２０００万円は被告個人で調達せざるを得なかったため、２０００万円を貸してもらえないか。」と頼みました。

3 　そこで、私は、平成２２年１０月２６日、定期預金を解約して（甲２）、被告に対し、平成２３年１０月２５日に返してもらう約束で、現金２０００万円を貸し付け、利息として４０万円を被告から受け取りました。

4 　被告は、借用書に自ら「平成２２年１０月２６日　￥二千万円也　借用いたします　一年間　４０万　利息分　先渡し　南区広沢町１－３－１－７０７　桃里しおり」と記載し、私にこの本件借用書（甲１）を渡してくれました。「上記のとおり貸しました　中村区大野町３－１－４－３０１　中その子」の部分は、私が記載しました。

5 　貸した２０００万円のうち１０００万円については、弁済期前の平成２３年４月２５日、被告の自宅で返してもらいました。その頃、私の長女のマンションの購入資金等を援助するための資金が必要となったため、被告に相談すると、１０００万円なら返せるということだったのです。本件借用書の最後の行の記載は、被告がその際に書き足したもので、被告は、書き足した後、改めて、黙って私に本件借用書を渡したのです。

6 　被告に２０００万円を貸し付ける際、被告名義の高嶋銀行の２０００万円の定期預金の通帳を預かりましたが、１０００万円の返済を受けたとき、被告から通帳を返してほしいと言われたので、預かっていた通帳は返しました。その代わりに、１０００万円の定期預金の証書のようなものを被告から預かりましたが（甲３）、結局、残り１０００万円はいまだに返してもらっていません。

7 　本件貸金の弁済期の平成２３年１０月頃は、私の母が入院したり、私の娘が出産したりして、その看病や身の回りの世話と家事代行者の仕事とで大変忙しくしていましたの

で、被告に請求することは後回しにしていました。また、被告宅で働いているうちはその給料もありましたし、離婚した夫からもらった慰謝料や財産分与で６０００万円ほど受け取っていましたので、お金のことは余り気にしていませんでした。

8　平成２９年頃から、被告は、私に対し、これだけお世話になったのだから退職に当たってはそれ相応のものを渡したいという趣旨のことをよく口にしていましたが、家事代行者の仕事を辞めても退職金を支払ってもらえませんでした。そのことを弁護士に相談したところ、退職金のことが記載されているかもしれないので、日記などの資料を探してみるよう言われました。そこで、昔の日記を見ていたら、日記の間から本件借用書が出てきたため、被告からまだ１０００万円を返してもらっていないことを思い出し、この裁判を起こすことにしました。

（反対尋問）

9　乙２号証の定期預金払戻請求書の「桃里しおり」という名前は、誰が書きましたか。

　　　私です。

10　どうして、被告の名前をあなたが書いたのですか。

　　　被告から頼まれて、被告の定期預金を解約して１５００万円を下ろしました。

11　あなたが、被告に、本件貸金の残金１０００万円の返済を求めたのはいつですか。

　　　家事代行者を辞めて１年ほど経った令和２年７月頃、退職金の件を相談した弁護士から被告宛てに内容証明郵便を出してもらうまで、返済を求めたことはなかったように記憶しています。

12　本件借用書は日記の間にあったということでしたが、甲３号証の文書も同じですか。

　　　はい。

13　なぜ、そのような大切な文書を日記の間に置いていたのですか。

　　　特に理由はありません。

14　１０００万円もの大金を返してもらっていないことを忘れることがありますか。

　　　先ほども言ったとおり、娘の出産等があって忙しかったので…。

以　上

【被告桃里しおりの尋問結果】

（主尋問）

1 　私は、平成９年から個人で洋菓子店を経営しており、平成１０年、洋菓子の製造・販売を目的とする株式会社モリソンを設立し、以来、その代表取締役をしています。

2 　モリソンは、平成２２年１０月頃、事業拡大を図るため、ケーキ製造工場に最新鋭の設備を導入することにしました。その設備の導入には３５００万円かかるのですが、３５００万円のうち１５００万円は、モリソンが留保している利益の一部を充て、残り２０００万円は、私が個人的に調達し、それをモリソンに貸し付けることにしました。

3 　ただ、当時私の手元には、現金は１０００万円ほどしかありませんでした。私は、吉丘銀行からの借入れも検討しましたが（乙３）、原告が当時、離婚の慰謝料などで数千万円の現金を持っていると言っており、原告から貸してもらった方が無理を聞いてもらえるかなと思い、原告に、１０００万円を貸してくれないかとお願いしました。原告は、私のお願いを快諾してくれました。

4 　私は、原告からお金を借りる際、本件借用書（甲１）を書いて原告に渡したほか、担保として高嶋銀行の１０００万円の定期預金の通帳も渡しました。なお、今回の訴訟に当たり、当時の私の定期預金口座の残高を銀行に照会しましたが、高嶋銀行が他の銀行と合併していたこともあって、分かりませんでした。

5 　本件借用書のうち、「借用書」という題名から「桃里しおり」という名前までは私が書いたものですが、借入金額の「二千万円」の「二」については私が書いたものではありません。私は、確かに「一千万円」と書きました。

6 　私は、原告から借りたお金は、全額、平成２３年４月２５日に私の自宅で返済し、原告から、担保に預けた定期預金の通帳と本件借用書を返してもらいました。私には何でも書いて残しておく癖があり、借りたものをきちんと返したという意味で、返してもらった借用書に「※　平成２３年４月２５日　￥一千万円　返済いたしました。」と書きました。その後、私は、原告に、本件借用書を破いて捨てておくようお願いして、本件借用書を渡しました。家事代行者の原告に不要な書類の処分を任せていたので、そのときも、不要となった本件借用書の処分を原告に頼んだのです。原告は「承知しました。」と

言って受け取っていたので、てっきり処分したものと思っていました。

7 私は、原告に、「電話取引サービスによる定期預金書替のご連絡」（甲３）を渡した記憶はありません。家事代行者時代に原告が勝手に持ち出したのではないかと思います。

8 留学中の私の息子の部屋に原告が勝手に私物を置いたりしたことを私が注意したのに対し、原告が言い返すなどしてきたため、原告との関係がかなり悪くなり、それから１か月くらい後に家事代行者を辞めてもらいました。そのとき、原告が私に退職金を支払ってくれなどと言ってきたため、言い争いになったことがありました。

（反対尋問）

9 乙１号証は、いつ記載したものですか。

　　　私は、その日にあったことを必ずその日のうちに手帳に書き付ける習慣があり、この手帳の記載は全部その日に記載したものです。

10 一番下の※印の部分は、どうしてこの場所に書いたのですか。

　　　これは、本当なら２６日の欄に書けばよかったのですが、書き切れないかもしれないと考えて、一番下に書きました。

11 「※　平成２３年４月２５日　￥一千万円　返済いたしました。」との本件借用書の記載は、借りたものをきちんと返したという意味で書き込んだのですね。

　　　はい。

12 そのような記載をしたのは、あなたには何でも書いて残しておく癖があったからでもあるのですね。

　　　はい。

13 そのような記載をした本件借用書をわざわざ原告に戻したのはなぜですか。

　　　先ほども言いましたとおり、当時被告宅の家事代行者であった原告に、いつものように、不要となった借用書の処分を頼んだだけです。

14 そうすると、あなたは、１０００万円を返済したことを書いて残しておこうとしていたのに、その処分も依頼したということになるのですね。

　　　そういうことになりますね・・・。

以　上

索　引

あ

す

せ

そ

た

ち

と

改訂　事例で考える民事事実認定　　　　書籍番号 500503

平成26年4月25日　　第1版第1刷発行
令和5年3月15日　　改訂版第1刷発行

編　　集　　司　法　研　修　所
発　行　人　　門　　田　　友　　昌

発　行　所　　一般財団法人　法　　曹　　会

〒100-0013　　東京都千代田区霞が関1-1-1
振替口座　　00120-0-15670
電　　話　　03-3581-2146
http://www.hosokai.or.jp/

落丁・乱丁はお取替えいたします。　　　　印刷製本／㈱キタジマ

ISBN 978-4-86684-093-2